紀登士

Anthony Giddens

胡正光／著

出版緣起

二十世紀尤其是戰後，是西方思想界豐富多變的時期，標誌人類文明的進化發展，其對於我們應該具有相當程度的啓蒙作用；抓住當代西方思想的演變脈絡以及核心內容，應該是昂揚我們當代意識的重要工作。孟樊兄和浙江杭州大學楊大春副教授基於這樣的一種體認，決定企劃一套《當代大師系列》。

從八〇年代以來，台灣知識界相當努力地引介「近代」和「現代」的思想家，對於知識份子和一般民眾起了相當程度的啓蒙作用。

這套《當代大師系列》的企劃以及落實出版，承繼了先前知識界的努力基礎，希望能藉這一系列的入門性介紹書，再掀起知識啓蒙的熱潮。

孟樊兄與楊大春副教授在一股知識熱忱的驅動下，花了不少時間，熱忱謹慎地挑選當代思想家，排列了出版的先後順序，並且很快獲得揚智文化事業公司葉忠賢先生的支持，因而能夠順利出版此系列叢書。

本系列叢書的作者網羅有兩岸學者專家以及海內外華人，爲華人學界的合作樹立了典範。

此一系列書的企劃編輯原則如下：

1. 每書字數大約在七、八萬字左右，對每位思想家的思想進行有系統、分章節的評介。字數的限定主要是因為這套書是介紹性質的書，而且為了讓讀者能方便攜帶閱讀，提昇我們社會的閱讀氣氛水準。
2. 這套書名為《當代大師系列》，其中所謂「大師」是指開創一代學派或具有承先啓後歷史意涵的思想家，以及思想理論具有相當獨特性且自成一格者。對於這些思想家的理論思想介紹，除了要符合其內在邏輯機制之外，更要透過我們的文字語言，化解語言和思考模式的隔閡，為我們的意識結構注入新的因素。

3. 這套書之所以限定在「當代」重要的思想家，主要是從八○年代以來，台灣知識界已對近現代的思想家，如韋伯、尼采和馬克思等先後都有專書討論。而在限定「當代」範疇的同時，我們基本上是先挑台灣未做過的或做得不是很完整的思想家，做為我們優先撰稿出版的對象。

另外，本系列書的企劃編輯群，除了包括上述的孟樊先生、楊大春副教授外，尚包括筆者本人、陳學明教授和龍協濤教授等五位先生。其中孟樊先生向來對文化學術有相當熱忱的關懷，並且具有非常豐富的文化出版經驗以及學術功力，著有《台灣文學輕批評》（揚智文化公司出版）、《當代台灣新詩理論》（揚智文化公司出版）、《大法官會議研究》等著作；楊大春副教授是浙江杭州大學哲學博士，目前任教於杭大，專長西方當代哲學，著有《解構理論》（揚智文化公司出版）、《德希達》（生智文化事業出版）、《後結構主義》（揚智文化公司出版）等書；筆者本人目前任教於政大東亞所，著有《馬克思社會衝突論》、《晚期馬克思主義》（揚智文化公司出版）、《中國大陸學》（揚智文化公司出版）、《中共研究方法論》（揚智文化公司出版）等書；陳學明是復旦大學哲學系教授、中國國外馬克思主義研究會副會長，著有《現代資本主義的命運》、《哈貝瑪斯「晚期資本主義論」述評》、《性革命》（揚智文化公司出版）、《新左派》（揚智文化公司出版）等書；龍協濤教授現任北大學報編審及主任，並任北大中文系教授，專長比較文學及接受美學理論。

這套書的問世最重要的還是因爲獲得生智

文化事業公司總經理葉忠賢先生的支持，我們非常感謝他對思想啓蒙工作所作出的貢獻。還望社會各界惠予批評指正。

李英明
序於台北

洪　序

現任布萊爾工黨內閣的國策顧問，也是倫敦政經學院院長的紀登士，可謂爲英國自斯賓賽、柏托謨、米立班以來，享有最大國際聲譽的社會學家。他不但擴大社會學的視野，把社會學理論拓寬爲社會理論，還把經典三大家（馬克思、涂爾幹和韋伯）的學說予以闡述發揮，成爲研究古典社會學必須飲用滋潤的泉源。更首倡結構兼行動理論（theory of structuration），成爲二十世紀後半葉西方社會學理論的奇葩，至今仍引起學界、思想界的爭論，應該可以視爲社會學理論傳統中最富創意的思潮之一。

有鑒於紀登士在英美與歐陸學術地位的崇

隆，其見解的清新、其理論的深邃，本人遂在揚智文化事業公司所推出《社會學說與政治理論一當代尖端思想之介紹》一書中，特闢三章論述紀登士的社會學說。但紀氏的學說涉及的學問絕不限於政治、經濟、社會、文化、科技諸面向，還討論現代性時空觀感等問題。因之哲學中的存在主義、現象論、詮釋學、語言分析、結構主義無一不被他引用。是故要對紀登士的學說，特別是他兩卷唯物史觀的當代批判加以掌握理解，非靠更深入的研究不可。

在這方面胡正光的力作《紀登士》正是對紀登士龐大體系進行理解最佳的導論。正光受業於本人，爲一極具潛力的學界新秀，在他赴德深造之後，相信其學術前程寬闊璀璨，本人極樂意將此一新作介紹給愛好深思、關懷社會的諸位讀者，是爲序。

台大三研所教授

洪鎌德

1998 年 2 月 25 日序於研究室

自　序

本書是從作者的碩士論文《紀登士的社會變遷圖像——唯物史觀的當代批判》修改而成，讀者可以從原來的書名上知道，紀登士有意用自己創新的「結構—行動理論」改寫馬克思的唯物史觀。姑且不論紀氏的企圖是否成功地獲得其他學者的贊同，重要的是，我們應該將《唯物史觀的當代批判》視爲 1984 年《社會的建構》完成之後，紀氏理論頭一次的實際應用。

從第二章的理論介紹開始，進入歷史分析，再經過其他學者無情的批判，我們可以看出「結構—行動理論」似乎力有未逮，或許紀氏想要建構一個無所不包的社會理論，因此使得整個理論體系過於複雜，甚至有時讓人感覺並無特出之處（但若應用於現代社會生活，那又另當別論，請參考《現代性的後果》一書）。

也許這些觀點是源於作者的想法不夠成熟之故，但基於台灣的紀登士研究仍有廣大空間，因此魯莽地提出來應該不至於顯得無知。必須附帶提到的是，有別於其他「當代大師系列」作品，因受限於原始的寫作架構，本書並非對紀登士的學術成就做全面性的介紹。對想一窺全貌的讀者而言，可能就會失望了，這點敬請讀者見諒。

而本書自寫作方向的選定、內容的斟酌，到付印出版，這些過程中無一不受到恩師洪鎌德教授的鼓勵與大力幫助，若非如此，一個初出茅廬的碩士難以獲得出版著作的榮譽，因此，洪老師是作者頭一個要感謝的人。其次，這本書先前已得到莊錦農教授、陳思賢教授、黃瑞祺老師的肯定，方才能夠面世，作者也同樣致謝。

揚智文化公司總經理葉忠賢先生慷慨允諾出版的任俠精神，總編輯孟樊先生破例將拙作列入「當代大師系列」，特約主編閻富萍小姐重現了複雜的圖表，編輯部賴筱彌小姐負責而不居功，一併感謝。台大政研所碩士江素慧、社研所碩士應靜海，以及洪老師研究室的諸位助理，他們爲本書所貢獻的心力不應被遺忘。

最後，本書要獻給辛苦一生的父母親，他們用汗水換來我充分的閒暇。縱使對學生而言，這也是有點奢侈的禮物。此外，我還想將出版這本書的喜悅，與曾共事的同伴分享。

胡正光

1998年3月23日於台灣台南

目　錄

圖表目錄

第一章
導　言

一、紀登士其人與其作品

唐納（Jonathan H. Turner）在其《社會學理論的結構》（*The Structure of Sociological Theory*）第四版序言中說：「無疑，本世紀八〇年代一個重大變化便是，德國理論家哈柏瑪斯和盧曼（Niklas Luhmann）以及英國理論家吉登斯（紀登士）的崛起」（唐納 中譯版序：xi）。也可以說，自百年前的史賓賽（Herbert Spencer 1820-1903）之後，英國在本世紀最受矚目的社會學家，自非紀登士莫屬（張宏輝 272）。從一九六〇年於《社會學評論》（*Sociological Review* 8：97-108）發表第一篇著作起（Bryant & Jary 222），三十餘年來，陸續將作品集結成書，計有著作及編著二十三本（一九七一年至一九八九年的統計，Bryant & Jary 1-2，目前已不只此數）。至於討論紀登士理論的文獻，不下百篇之多，至一九九二年爲止，至少有英文論文集五本及著作選一本[1]，其餘尚有諸多未集結成冊之論文，對於一位正值壯年的學者而言，受重視之程度不在話下[2]。至於引發歐美學界之紀登士熱潮的原因，乃在於其著作內容之廣泛，卡塞爾（Philip Cassell）指出，紀登士擁有雙重身分：其一爲批判社會學理論（自古典至現代）的新詮釋和新評論大家，其二則爲嶄新大理論（結構—行動理論，structuration theory）的營構者（洪鎌德 1996b : 78-79）。

再觀察紀氏歷年出版的作品，則隱約顯出了其研究取向的脈絡。

葛列哥利（Derek Gregory）認爲，紀登士的作品之間，有如下的發展方向[3]：

批判	→	協調
實證主義		哲學與社會學
功能論		歷史與社會學

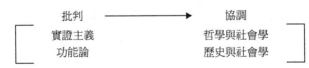

晚近的作品，則顯出三個大方向：理論的野心—大理論、地理學的感受性、自我意識的

史實性（self-conscious historicity[4]；Gregory 220-221）。賀爾德與湯普森（Held & Thompson）認為，紀登士的作品有二個趨向，其一為企圖思考與解決一般理論的問題，由此他建立了一套創新的概念，稱為結構—行動的理論（the theory of structuration）；其二則為分析現代工業社會的主要發展趨勢及制度的特徵（Held & Thompson 1-2）。陳孟賢則區分紀登士至今的作品為三個階段：詮釋與批判古典三大家、詮釋與批判九大類社會理論，以及創立自己的理論（陳孟賢 89）。顯然陳氏的三個階段幾乎都屬於賀爾德與湯普森的第一個趨向。紀登士自己則認為，他的著作有三個方面：一是對既有社會學理論的批判，二是對社會學基本概念的重建，第三則是對於現代性的性質和兩難，提出一個後功能論和後馬克思主義的觀點（張宏輝 273-274）。

二、台灣的紀登士研究

而面對一位著作如此豐富、影響力方興未艾的社會學家，台灣的相關研究與其如日中天的名氣對照起來，愈發顯得貧脊，以下就簡單加以敘述。

有關結構—行動理論的全貌，可以參考張宏輝所著之〈結構化論的旗手—季登斯〉一文，收於葉啓正主編之《當代社會思想巨擘—當代社會思想家》一書。該文限於篇幅，除了解釋概念之外，並沒有加以評論。另一篇介紹性文獻，是陳孟賢於一九九三年在《二十一世紀》發表的〈紀登斯與他的構建論〉，但內容則偏重於紀登士的研究旨趣，理論的內容幾乎沒有提到。再其次爲洪鎌德一九九六年發表於《美歐月刊》的〈紀登士的結構兼行動理論之析評〉，以及同年於《台灣社會學刊》發表的〈紀登士社會學理論之述評〉，內容藉助較多外國相關文獻的解說與批評。若對紀氏理論內容有興趣的讀者，可將張氏、洪氏等文和吳曲輝翻譯的《社會學理論的結構》一書第二十二章對照閱讀。

至於紀登士對唯物史觀的批判，可參考洪鎌德一九九六年發表於《美歐月刊》的〈紀登士評歷史唯物論〉[5]和洪鎌德、胡正光一九九六年聯合發表於《哲學與文化月刊》的〈從結構—行動理論看唯物史觀〉。前者偏重紀登士批判功能論、化約論與進化論的觀點，並做出評估；後者則偏重紀登士的社會分類觀點，以及新馬學者賴特對紀氏的反駁。

陳伯璋的作品〈歷史唯物論的人文色彩—評季登斯的重建方法論〉發表於一九八八年（《文星》，第 115 期），時間早於上述各篇文獻，但其內容則涵蓋了前述的兩個面向，即結構—行動理論的基礎架構和對唯物史觀的批判。

至於紀氏近年著作的重心——現代性問題，則有紀氏門生黃瑞祺發表於《東吳社會學刊》（1997）的〈現代或後現代—紀登斯論現代性〉，該文源於國科會的一篇研究報告，內容則簡要敘述了紀氏的現代性分析，及其批評者（包括黃氏本人）的評論。或者可參考另一篇來自香港的文獻：黃平發表於一九九六年的〈解讀現代性〉[6]，二篇文獻在內容上可以互相補充。

對於紀氏的理論探討大略僅止於此，至於翻譯紀氏的著述則間或出現。翻譯全書的有簡惠美譯自一九七一年的"*Capitalism and Modern Social Theory : An Analysis of the Wrightings of Marx, Durkheim and Max Weber*"，中譯名爲《資本主義與現代社會理論：馬克思・涂爾幹・韋伯》。廖仁義則譯有《批判的社會學導論》，原書爲一九八二年出版的"*Sociology: A Brief but Critical Introduction*"。紀氏的教科書《社會學》（Giddens 1989a）則在一九九七年有中譯本問世（張家銘等譯，唐山出版社出版）。單篇的譯文則有李霖生譯的〈吉登斯論社會結構〉，原文摘錄自《社會的建構》，1-34頁；蔡耀明譯的〈哈伯瑪斯〉（Jüergen Habermas），原文取自史金納（Quentin Skinner）所編《人類科學：重返巨型理論》（*The Return of Grand Theory in the Human Sciences*, Cambridge University Press, 1985）一書的第七章[7]；戚國雄所譯的〈詮釋學與社會理論〉，原文爲"Hermeneutics and Social Theory"，出處是Gray Shapiro and Alan Sica 所編的"*Hermeneutics : Questions and Pro-spects*", University of Massachusetts Press, 1984 : 216-30[8]。

實證性研究則更少，有譚少薇著的〈階級與父權關係在蛇口：一個「結構化」的觀點〉（原文爲英文），載於台灣大學人口研究中心婦女研究室出版的《婦女與兩性學刊》第三期。但該研究並不能視爲一個成功的應用範例，不僅在分析層次未顯出結構—行動理論的架構，也未顯出紀登士所強調的時—空向度，尤其在結論上，行動者限定於「能知」的部份而沒有「能動」的結果。另外，林繼文在其所著之碩士論文《日本據台末期（1930-1945）戰爭動員體系之研究》（1991）曾檢討提利

（Charles Tilly）和紀登士有關民族國家與戰爭的理論，但可惜的是，他認爲這些理論在適用到他研究的範圍（戰爭時期的台灣）時，「都必須大幅的修正」（林繼文 13），以致於林氏著作無法視爲結構—行動理論的應用[9]。

三、本書的目的

針對台灣目前相關研究過少的缺憾，本書寫作的基本出發點，就是希望能對紀氏的理論做帶有介紹性質的探討。但要從一位學者浩瀚的著作中挑選出數本書做研究，難免有以偏概全之憾，只是基於實際能力上的考慮，縱覽紀登士至今所有的著作又不可能，故只能依筆者個人的興趣做選擇。

事實上，紀氏在八〇年代前半的一部作品——《唯物史觀的當代批判》（以下簡稱《批判》）就頗具特色。

首先，從書名上可以清楚知道，紀登士有意挑戰馬克思的唯物史觀，於是這必然是一部有關分析社會變遷（或轉型）的作品。而且爲了取代馬克思涵蓋人類社會演進的歷史理論，也必然要有其歷史時空上的向度，有人稱爲「歷史的大地圖」。這是本書的第一個目的：探討紀登士的社會變遷理論。同時，紀氏在書中高舉「反功能論」、「反（社會）進化論」、「反經濟（階級）化約論」的大旗，因此，這部分也比較屬於方法論上的爭辯。

其次，將國家放入社會學研究當作主題，在紀氏已往的作品中也不多見。然而，《民族國家與暴力》就有絕多的篇幅和國家相關。這是本書的第二個目的：由材料中探討紀登士的國家理論。

最後一個特色是《唯物史觀的當代批判》負有的任務：將紀氏獨創的理論做實證性的應用。

證諸紀登士八〇年代後期以降，作品確有實證化的傾向。回頭看一九八四年的《社會的建構》（*The Constitution of Society*），序言中說：「此乃爲作者以往作品的總結」（洪鎌德 1996d: 87）。而《批判》的第一卷《權力、財產與國家》（*Power, Property and the State*, 1981），不少內容涉及概念的討論，至第二卷《民族國家與暴力》（*Nation-State and Violence*, 1985），此景已不復見，筆者於是將此二書視爲紀氏從第二階段轉入第三階段的實證作品之一。本書的第三個目的，則在對結構—行動理論的應用做出批判及檢討。

此外，也有必要對本書的討論範圍加以界定。第一是與結構—行動理論之關聯。因爲紀登士在探討社會變遷時，必然是以其創新的概念詞彙進行分析，在本書中若完全不介紹，讀者恐將失去邏輯上的前提。但紀登士的新奇概念往往至今仍處於爭辯中的狀態，詳加討論又花費太多篇幅，故本書只對結構—行動理論作簡要的介紹。

其次《批判》一書的基本立場：反功能論、反進化論、反經濟化約論，詳細的討論必須涉及紀登士對社會學理論流派的檢討，本書雖敘述這些觀點，但卻不去窮究其方法論上的理由，因爲這將和處理完整的「結構—行動」理論一樣，會陷入社會學方法論的總檢討。

至於本書涵蓋的時空向度，理論上當從遠古之部落社會直到今日之現代（後現代）社會。但後現代的問題是紀登士目前研究的一大重點，故《民族國家與暴力》雖有提及所謂「現代性」（modernity）的問題，但「現代性」必須和紀氏後來的作品相連貫，故本書只簡述其現代性的模型，並不深入討論。空間的向度，主要爲西歐社會，這也是紀登士對《批判》一書的限定[10]。

最後，本書討論的依據，主要是紀登士八〇年代前半期的作品，包括《唯物史觀的當代批判》二卷，一九八二年的《批判的社會學導論》（Giddens 1982d）以及一九八四年的《社會的建構》，部份則牽涉一九九〇的《現代性的後果》（1990b），不過仍著重在一九八一、一九八四、一九八五三本作品。

四、本書的架構

根據本書的寫作目的，發展出內容上的三大主題：紀登士的社會變遷圖像、學者的批判，以及筆者個人之綜合討論，現說明如下。

第一章爲導言部份，如前所述。

第二章的重心是「結構—行動理論」，可分爲五個子題。第一部分將介紹紀登士對社會學研究的觀念，這是其嶄新理論的出發點。第二至第四部分基本上是對「結構—行動理論」的粗淺討論，以及批評者的看法。第五部分則是本書的副標題：「紀登士批判唯物史觀」，筆者將以賴特的歸納爲主軸，介紹紀登士對唯物史觀的批判重點。

第三章旨在將《唯物史觀的當代批判》二卷的內容加以整理及介紹。筆者認爲，《批判》描繪的社會變遷圖像是以結構原則對歷史中曾出現的社會加以分類，共可分爲部落社會

（tribal society）、階級分化社會（class-divided society）、階級社會（class society），本書也以這個順序做安排。在《民族國家與暴力》，討論的主題顯然又有轉變：已經從社會的角度，移向國家與社會的關係。故本章闢一子題描述國家形式的變遷，可視爲紀登士之國家理論的一部分。另對紀登士之現代性模型加以敘述，但不做討論。

第四章和第五章皆爲對紀登士理論的檢討與批判。所不同的是，第四章列舉外國學者的觀點，筆者就其批判的理由深入分析。

第五章則爲筆者個人的檢討，主要的方向有三：第一是用紀登士自己提出的理論來看《批判》，尤其是否符合所謂五個分析社會變遷的概念[11]，因爲在眾多的批評者當中，並沒有人用這種方法來評斷紀登士的作品。第二則是針對紀登士理論本身的缺點之一：缺乏軍事理論，試圖以筆者個人的研究觀點做解釋。尤其在紀氏的《批判》強調軍隊與暴力工具，但在「結構—行動理論」卻不見有相關討論，和麥可・曼的理論相較，顯爲一大缺失。採用的辦法即爲用「結構—行動理論」的基本假設重塑軍事理論的模型。第三個重點是將紀登士和麥可．曼二人作對照比較，雖然第四章的〈批判〉也包含了若干此類的討論，但筆者希望提出另外一番說法。

第六章爲結論，除了總結前五章的觀點，尙提出本書的限制、紀氏理論可能的研究方向等等。

另外值得一提的是，本書在寫作風格上，爲了彌補紀氏過於抽象的缺點（見第四章），因此盡量加入具體的歷史材料，俾助於讀者易於理解。其次，筆者也著眼於將社會結構帶入歷史當中，做比較清楚而詳細的解說。讀者可以在閱讀之後，根據此二項原則對筆者的成果進行批判。

註　釋

[1]著者以及編者分別為：Bryant, C & D. Jary（eds.）1991. Clark, J., L. Modgil & S. Modgil（eds.）1990. Cohen, I. J. 1989. Craib, I. 1991. Held, D. & J. B. Thompson（eds.）1989.著作編者為 Philip Cassell 1993.

[2]紀登士已獲任命為倫敦政經學院（LSE）院長一職，自一九九七年一月六日就任。

[3]下圖引自 Gregory 218.

[4]紀登士將史實性（historicity）定義為：利用歷史的知識去改變歷史，也包含了何謂「歷史」的特殊觀點（Giddens 1984: 374）。葛列哥利認為這是紀登士政治批判的預留空間，表示社會再生產的每一刻都是潛在的轉變。參看 Gregory 220-221.

[5]此文和前述〈紀登士社會學理論之述評〉經稍許修改後，收錄於《社會學說與政治理論—當代尖端思想之介紹》（洪鎌德 1997b）一書。

[6]《讀書叢刊》第 24 期，該叢刊由香港城市資信有限公司出版，台灣聯經出版公司總經銷。

[7]該書有全中譯本，為王紹光、張京媛等譯，《人文科學中大理論的復歸》，香港：社會理論出版社，1991 年 12 月一版一刷。

[8]該篇文章已收錄在紀登士 1982 年出版的"*Profiles and Critiques in Social Theory*"一書第一章。

[9]以上各文之出處，詳見參考書目。

[10]雖然紀登士承認民族國家是一全球體系，但從傳統

過渡到現代的世界性驅力，主要仍來自歐洲社會。

[11]五個概念分別是：結構原則（structure principles）、插曲特性（episodic characterisations）、社會間系統（intersocietal system）、時—空交界（time-space edges）、世界時間（world time）。

第二章
結構—行動理論

一、社會理論

結構—行動理論與現代社會

「社會學起源於現代性（modernity）的到來」（Giddens 1987：15）。此現代性正源自於傳統世界的解組：既有改變政治秩序的革命（1789 法國大革命），又有經濟上的大變革——工業革命。尤其工業革命帶來的社會組織變遷，劇烈衝擊西歐人民的生活。大量農民自土地關係中釋放出來，湧入新興的城市。集中的人口，加上新奇的生產技術，改變了原本的生活面貌。其後，西歐又將這些變革散播到了全世界。身處劇變之中，某些人開始想深入探究他們所存在的社會，於是社會學誕生了。

不過，雖然對社會組織的根本變革有所共識，觀察的角度和解釋的方法卻各有不同。兩個世紀以來，形形色色的社會思想，孕育了各家各派的社會學說。部份人認爲，近代以來成就突飛猛進的自然科學，其研究方法恰可作爲新興之社會學的典範。反對的人則認爲，社會世界和自然物質世界有本質上的差異，故不應採取相同的研究策略。兩種對立角度均有人擁護，也由此發展出林立的社會學理論。

紀登士投身於社會學研究，面對他的研究對象——現代社會或現代性——到底是什麼、應該用何種適當的方法去探究，仍不得不加以思索。只不過他的野心是一個龐大的計畫：企圖將現存之社會學說分別加以批判檢討，去蕪存菁，折衷融鑄成一嶄新之理論，這就是他著名的結構—行動理論開展的根源。而他關注的焦點，仍是現代社會，此乃社會學根本的議題。但又因爲人類社會的不可分割性，所以他也不自外於其他的社會科學理論（如政治學、經濟學、人類學、心理學、歷史學等），將這些領域的研究成果都融入他的新理論中。以下簡述他對社會學研究的看法，然後進入結構—

行動理論。

社會理論

自《資本主義與現代社會理論》（1971）一書成名後，紀登士不斷地對既有之社會學各派理論進行批判檢討，不只在於理論概念的本身，也直指社會學最基礎的核心—研究對象與方法，在此必須對紀登士的觀點略加敘述。

第一是對理論的看法。紀登士抗拒涵蓋性法則（covering law），因爲那是自然科學的研究方法。兩種理論所以不同之處，首先，社會科學的研究對象和自然科學不同，社會活動的再生產是個人與組織之間的雙重介入（the double involvement）：我們創造了社會，同時社會也創造了我們（Giddens 1982d: 11）。因此不僅觀察的全然客觀性不存在，社會本身也是由不同行動者不斷在時空中重複的活動建造起來的，這是動態的過程。再者，研究者與其研究對象之間的關係亦因此不同，透過對研究成果的理解與詮釋，人類可能會改變自己的未來，因此社會學的分析在人類社會中就扮演了一個解放的角色，但自然科學家就無法對原子做如此的改變（*ibid.*, 13）。這也是紀登士所說的雙重詮釋（double hermeneutic）：一方面社會科學家將社會過程化爲概念和通則，另一方面，一般的社會行爲者利用這些他們本身不一定瞭解或意識到的通則與概念改變社會過程，因此理論經常處於變動之中，沒有固定的規則可尋（Turner 520）。

第二是社會理論（social theory）和社會學理論（sociological theory）的區分。社會學是眾多社會科學的其中一支，其研究的重點在於過去兩三個世紀以來，由工業轉型帶來的社會組織（Giddens 1982d: 9；洪鎌德 1996d: 87-88）。但如此不足以涵蓋「社會」一詞的範疇，至少人類學研究的就不是工業化社會。而社會學研究不能像人類學家一樣，關照到部落社會，並非是研究領域的缺陷，乃是基於知識分工的需要，不同層面的人類行爲應由不同類型的社會科學來研究（Giddens 1982d: 9-

10）。

爲了照顧到上述社會學理論的實踐（雙重詮釋的一環），我們還要要求理論有解釋作用，去回答「爲什麼」的問題，這就把問題放入了背景與脈絡（context）之中去分析（Giddens 1984: xix）。紀登士稱之爲三種社會學的想像力：歷史的感受力、人類學的感受力、批判的感受力（Giddens 1982d: 13）。有歷史的感受力，才能分辨現代社會與前工業社會的生活有何不同。有人類學的想像，才能欣賞各種不同人類遵循的多采多姿的存在方式。結合第一種和第二種的感受力，使我們能突破自身時代與社會的限制，進入第三種想像：未來的各種可能性（*ibid.*, 14-22）。

反觀社會理論，紀登士將它涵蓋了所有社會科學相關的議題。紀登士認爲，若社會科學與實踐的哲學問題無關，就等於迷失了方向，社會理論的任務，是爲人類社會活動的本質提供概念（Giddens 1984: xvii）。假如要達成這個任務，可以想見社會科學的分工界線將要打破，或者以一個新的方式整合起來，紀登士進行的正是這樣一個工作。事實上，若從社會學的三個想像出發[1]，社會理論是必然的結果。就批判的想像力而言，社會問題實已超出傳統社會學的研究範圍，必須涵蓋政治學、經濟學、心理學，甚至新興起的人文地理學。簡言之，「社會理論」才是紀登士的理論野心。

二、理論的核心

在營建「社會理論」的前提下，紀登士努力地去融合主要的社會學理論。他認爲，傳統的社會學理論，存在著結構（structure）—行動（action）的雙元對立。重視結構的一派，傾向把結構當成一種限制；重視行動的一派，喜歡強調行爲者的創造能力。前者的社會分析，因此觀注在客體（客觀的社會結構）、決定論（determinism）、宏觀角度。後者則偏向主體（行動者）、意志論（voluntarism）、微觀角度（洪鎌德 1996d: 90）。

化解雙元對立的辦法，是提出「結構的二元性」（the duality of structure）：結構不僅有限制的作用，也有能動（enabling）的一面，例如要有下棋的規則，才能有下棋的活動。而行動則體現了結構的存在，社會的生產和再生產只能由行動去觀察，所以行動才是社會學關注的核心（Craib 35）。但人的活動不僅是單純遵守既有規則，還有屬於個人創意、技巧表演的一面（Giddens 1976: 160）。由此我們不難看出紀登士受到後期維根斯坦哲學(Ludwig Wittgenstein 1889-1951)，尤其是溫齊（Peter Winch）的影響。總而言之，一般都認爲，將結構—行動當作社會實踐的一體兩面，是紀登士的新理論最具創意的部份，也是理論的核心（Turner 520-521; Craib 33-34）。

三、「結構─行動理論」的粗略全貌

行動者（agent）和行動（agency）

行動者和行動有時也用 actor 和 action，但紀登士偏愛用 agent 和 agency[2]。社會中的行動者自然是指個別的主體，這個別的主體具有社會實踐的能力，同時依其生物上的條件，行動者也有認識的能力（knowledgeability），可以認識周遭的環境，組織知識進行行動，這並非一成不變的公式，由於行動者的個別差異以及某種程度的創意，社會實踐總是維持著稍許不同的重複進行。

論及行動者的社會實踐，意謂著去改變外在的世界，也就是具有轉換的能力（transformative capacity），紀登士認爲這就是權力（power）的特質之一（權力另外的特質，是規範性和溝通性的，Craib 36）。而權力必須去動員資源（resources）進行轉換的工作。紀登士又區分資源爲兩類：權威性資源（authoritative resources）和配置性資源（allocative resources）。前者指對人、社會具有影響力，又分爲：(1)社會時空的組織力（organisation of social time-space）；(2)身體之繁衍與再繁衍（production/reproduction of the body，人群集會結社的組織能力）；(3)生活機會的組織（organistion of life chances，自我發展和自我表現機會的組成）。後者指對客體世界，自然資源的控制力，分爲：(1)環境的物質特徵；(2)物質生產或再生產的工具；(3)生產出來的貨品（Giddens 1984: 258）。

對於行動的本質也應加以討論。紀登士將行動視爲持續的流動，不能分解與化約爲原因、動機、意向，而是一個監視與合理化的恆常過程。韋伯所用的「瞭悟」（*Verstehen*）其實不只是研究方法，而是人類社會的本體論狀態（Craib 35），行動的顯著特徵之一就是可轉化的權力。

一般社會學對行動的討論僅止於此，但紀登士繼續深入挖掘行動的動機，使得他的理論進入了心理學的層面。根據理論，行動的動機分為三個層次：無意識動機（the unconscious motivation）、實踐意識（practical consciousness）、言說意識（discursive consciousness）。無意識動機類似佛洛伊德的「驅力」，不同的是，無意識動機不像驅力主宰大部份的日常生活，而是在日常的行徑遭受威脅時，才變得重要（Craib 37-38）。實踐意識和言說意識則牽涉到人對行動的「反省監視」（reflexive monitoring of actions）。言下之意，人必須對自己及他人的行為進行關照與理解，和前述的認識能力有關連。從定義來看，實踐意識指「行動者知道社會的狀況（特別是他們自己行動的狀況），但不能以言說來表達」（Giddens 1984: 375）。較為清楚的解釋，是行動者對於社會生活的系脈，知道如何做卻不需要將其成為言說的表達（*ibid.*, xxiii）。言說意識依定義爲「行動者能說，或用字彙表達社會的狀況，特別是以言說的形式察覺到他們自己的行動狀況」（*ibid.*, 374）。

但上述的討論並沒有觸及最深層的行動動力，紀登士在此採納了艾瑞克森（Erik Erikson）的精神分析思想，將行爲背後的力量歸於求取「信任感」（sense of trust）的一系列無意識過程，稱爲行動者的「本體論安全系統」（ontological security system, *ibid.*, 45-59），此即行動的最深層動力，旨在消除社會關係中的焦慮。本體論安全的獲得，是透過「例行化」（routinisation，可預測的，穩定的），將行動用實踐的或儲存的知識成功地加以解釋，以及推論意識的合理化能力而得以維持（Turner 532）。它們構成了一個行動的「層級模型」（stratification model），見圖 **2-1**。

唐納認爲，這部份的討論是綜合了心理分析理論、現象學、俗民方法論以及行動理論的元素（*ibid.*, 530）。

制度的模式
(a)領域化的系絡
(b)例行化的系絡

↕

與他人在系絡（社會系統）中的互動

↕

行動的反省監視

↕

透過言說意識的合理化

↕

透過實踐意識的解釋

↕

無意識的壓力

↕

支持本體論安全的無意識動機
（達到信任他人以及減低焦慮）

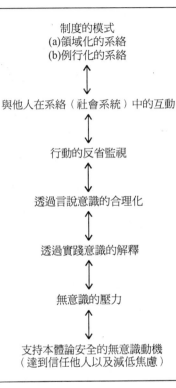

圖2-1　行動的動力（The Dynamics of Agency）

資料來源：Turner 531.

結構（structures）

前文已提到，將結構─行動視為一體兩面是紀登士最富創意之處，因此，他將之定義為「規則與資源，重複地涉入在社會系統的再生產中」（Giddens 1984: 377）。規則指「可概推的程序」（generalisable procedures），與我們通常瞭解的意義差不多，不過紀登士特別強調了規則的概念和資源不可分（*ibid.*, 18），因為社會實踐本身離不開遵循規則的重複行動，但沒有轉換發生，實踐本身就不存在，我們也就無從找尋結構。

紀登士曾經以語言學做類比（雖然後來他否認），語言（language）就像結構，言語（speech）就像行動。前者（語言）沒有時空的限制，不需假設主體，但後者（言語）則有，言語的發生必是在某時某地，且預設了主體（交談者）的存在，也因此言語總是潛在地認識到其他人的呈現（presence of another, Giddens 1976： 118-119）。這樣類比比較容易把結構和行動區隔。或許因爲如此，紀登士後來必須否認這個類比的適用性，但克萊卜（Ian Craib）則認爲如此才能說明結構與行動的關係（Craib 41）。

在此還要另外強調，在結構—行動的理論中，不論結構或行動都要牽涉到時—空關係，雖然事件的發生必然有其時空，但紀登士常將「時—空」一詞加入論述當中，這也是他採納了時間地理學概念的結果。所以對結構的定義可修正爲：行動者在跨時空的互動系絡中所使用的規則和資源（Turner 523）。規則和資源對於社會實踐負擔的作用，在於其有轉換性（transformational）和中介性（mediating），意指改變規則（或物質世界）以及作爲行動者和對象客體之間的橋樑。

在這裡紀登士又劃分了規則和資源的種類：意義結構（或稱「指意」結構，signification）、支配結構（domonation，包括前述之「權威性資源」與「配置性資源」）、正當化結構（legitimation）。意義結構提供社會生活的溝通工具，可傳遞意見並有詮釋的方法。支配結構轉換社會關係（對人或對物），其模式（modality）爲實現目標，或稱爲「方便的設施」（facility），明顯地和權力相關。正當化的模式包含了一套權利義務，和社會中的「制裁」（sanction）體系相關。

以上所述的均爲抽象的、靜態的元素概念。動態的過程，即行動者利用規則與資源在特定的時空脈絡中對結構（同樣爲規則和資源）的生產和再生產，或者是轉換，依紀登士的術語，稱爲結構—行動化（structuration）。結構—行動化因此是一雙重的過程：資源與規則用來組織跨時空的互動，並且在這樣的使用中再生產或轉換這些規則和資源（Turner 527）。

至於時間（time）和空間（space），紀登士採用三個層次的時間：逐日經驗的綿延（*duree* of day-to-day experience），是可反轉的時間（reversible time）；個人生命時間（life span of the individual），這是屬於「不

可反轉的時間」（irreversible time）；最後是制度的長時綿延（*longue duree* of institutions），這也是可反轉的時間[3]。有關空間的定義或分類，並不特別明顯，但在後面「區域化」（regionalisation）的討論，紀氏理論中的空間至少應包含「絕對空間」與「相對空間」[4]。

最後和結構有關的概念，是「結構原則」（structural principles）、「結構組」（structural sets），和「結構特質」（structural properties）。結構原則的定義是「社會整體（societal totalities）的組織原則」（Giddens 1984: 376）。但具體而言，應該是什麼？唐納認爲上述定義很模糊，他試著解釋爲行動者依據基本的組織原則來使用規則和資源，這些原則導引著如何轉換和採用規則與資源用於調整社會關係的方式（Turner 528-529）。克萊卜舉的例子是資本主義社會之中心結構原則爲政經制度的分離與互相聯繫（Craib 48-49）。若按紀登士自己的討論，顯然關係到如何使一個社會在時空距離化的形式中整合起來的機制（Giddens 1984: 181），因此必須要牽涉到對制度（institutions）的討論，本書稍後將處理這個問題。

結構組可理解為規則和資源的集合體（Turner 529），或者是用紀登士自己的話說，結構組亦稱為結構，是結構原則中的轉換／中介的關係叢結，這些都可區分為三個（或者橫跨三者）結構—行動化的面向：意義、正當性及支配。具體的實例，是將馬克思之現代資本主義社會的私有財產化為下列之結構組（Giddens 1984: 186）：

私有財產：貨幣：資本：勞動契約：利潤

結構特質的定義是「延伸在時空中的社會系統的制度化特徵」（*ibid.*, 185），例如上述的結構（組）進行再生產時，只能出現某些社會關係的形式。

附帶一提的是，既有規則，就有限制（或束縛，constraint），行動者在社會系統中的行動，都受到三種限制：第一是物質的限制（material constraint），因世界（或個體）都是物質的組成；其次是權力的強制（power constraints），使得我們要去做一些被強迫的事情（否則要受到制裁）；第三是結構的限制，即結構特質的客觀性都受到選擇的限制（Craib 50）。

制度(institution)與社會系統(social system)

當規則和資源經過長時間的再生產，並且產生於某一明確的空間區域時，才能說制度存在於社會中（Turner 527）。再從紀登士劃分制度的類型來看，制度其實就是規則和資源不同的組合方式（參見**圖 2-2**）。紀登士對於社會制度的分類模型，本書將以 D-D-L-S 模式稱之。將制度重新定義與分類，唐納認爲有幾個值得注意的特點：第一，互動系統是各種制度過程的混合體，經濟、政治、法律和符號秩序並非可輕易地分離，社會系統的脈絡中常有每一個制度的因素。其次，各種制度都與行動

制度類型	規則和資源偏重的次序
1.符號秩序或言說方式	意義—支配—正當化
2.政治制度	支配（權威）—意義—正當化
3.經濟制度	支配（配置）—意義—正當化
4.法律制度	正當化—支配—意義

意義＝(S)ignification，支配＝(D)omination，正當化＝(L)egitimation，支配（權威）＝D(authoritative)，支配（配置）＝D(allocative)

圖 2-2　制度的分類

資料來源：Turner 527; Giddens 1984 : 33.

者運用並再生產的規則和資源有關，制度並不外在於個人，因爲它們是由在實際社會體系中運用各種規則和資源而形成的。第三，制度化包含規則和資源的最基本面向—意義、支配、正當化（*ibid.*, 528）。

接下來進入社會系統的定義，紀登士將系統定義爲「行動者與集體（collectivities）之間的再生產關係，組織成規律的社會實踐

（regular social practices）」（Giddens 1984: 25）。用簡單的一句話概括，就是「互動的環境」（inter-actional settings, Turner 526）。隨著社會系統的界定，必然要考慮社會系統的整合問題。很顯然，社會系統之整合也是由行動者之行動持續不斷地再生產，作爲整合行動之一就是所謂的「社會化」（socialisation），另一個答案，則是紀登士劃分的社會整合（social integration）與系統整合（system integration, Craib 57）。前者指行動者之間在共同呈現（co-presence，後文將會解說）脈絡中的相互關係。最大的特徵在於其進行時的面對面特性。後者指行動者與集體之間橫跨時空的相互關係（Giddens 1984: 28）。

在紀登士的社會系統之中，實踐並非完全順暢的，結構原則之間可能會互相衝突，故結構原則揭示了主要和次要的矛盾。「主要矛盾」（primary contradiction）指結構原則之間的矛盾，「次要矛盾」（secondary contradiction）是「由主要矛盾衍生出來的矛盾」（*ibid.*, 193）。這就使得紀登士的理論很接近形上學。除了矛盾之外，還有對「衝突」（conflict）的定義：衝突指在「明確（definite）的社會實踐中，行動者之間實際進行的鬥爭」（*ibid.*, 198）。至於矛盾和衝突的區別，唐納認爲矛盾能造成衝突的環境（Turner 530），因此，矛盾屬於結構的層次，衝突屬於互動的層次。

社會實踐（social practices）

這部份主要討論日常生活中的互動，借用相當多郭富曼（Erving Goffman 1922-1982）的理論把時間和空間聯繫起來。例如定位（positioning）和位置—實踐（position-practices），把每天的實踐和社會系統以互動的型態銜接起來。行動者必須沿著時空路徑的某個位置與他人產生關連。一個位置（紀登士用以取代「角色」—role 的概念）由意義、支配、正當性等結構來分殊化一個特定的社會關係網絡，使其有一個規範制裁的範疇。和角色的不同，在於「角色」是「既定」（given）的，但位置卻不是，社會關係網絡是持續不斷生產與再生產（Craib 64-65）。

至於「呈現」（presence）與「共同呈現」（co-presence）則借用了梅樓・蓬第(Merleau-Ponty 1908-1961)的現象學，與本體論的安全感銜接。藉由呈現，使個人對於自身所處的世界獲得一種確定感。共同呈現則是與他人一同存在（being with others），完全的共同呈現，意謂著面對面接觸，與他人用臉以及身體的溝通（*ibid.*, 65-66）。

「遭遇」（encounters）受到時空的限制，紀登士對此的理論基礎也都來自郭富曼，在此不多做說明。「系列性」（seriality）的概念來自舒慈（Alfred Schutz 1899-1959），和生活經驗的綿延流通、不可分割性有關。因有連續性，所以必須對例行性的互動標明開始和結束（Turner 533; Craib 68-69）。

最後是「區域化」（regionalisation），表明互動在一定的空間內—稱爲「場所」

（locale）發生，在某場所之中，必有其背景知識（脈絡），所謂的「區域化」正是進行互動的行爲者組織並詮釋其場景知識的行爲。其理論的基礎除了郭富曼的互動論之外，也有時間地理學（time-geography）的成分（Turner 535; Craib 69-70）。

總而言之，結構—行動理論是一體系巨大、錯綜複雜的理論，以上的描述非常粗略，遺漏之處恐怕不在少數。然而，不論從任何角度切入，前述的缺陷仍然難免，至少在評述結構—行動理論的諸位作家中，就沒有人可以面面俱到。請參見圖 **2-3**「理論各要素的聯結」以及圖 **2-4**「相關的理論基礎」。

四、評　論

由於紀登士個人學富五車，各派別的理論家都可以找到自己的興趣所在，進行無情而嚴

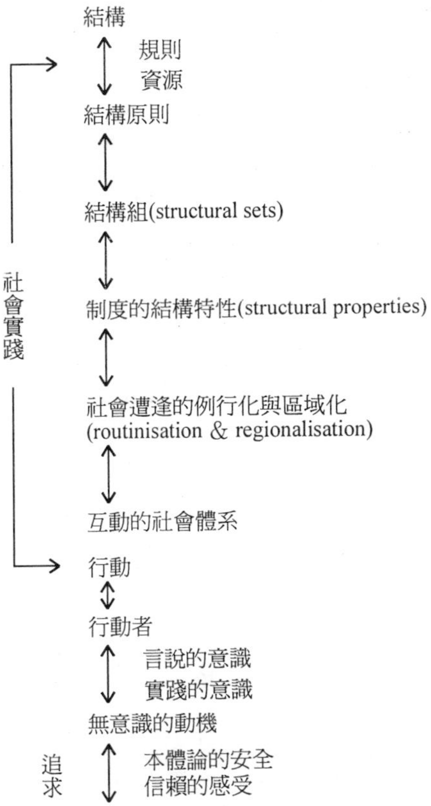

圖2-3　結構－行動理論各要素之關聯

資料來源：洪鎌德 1997b : 135.

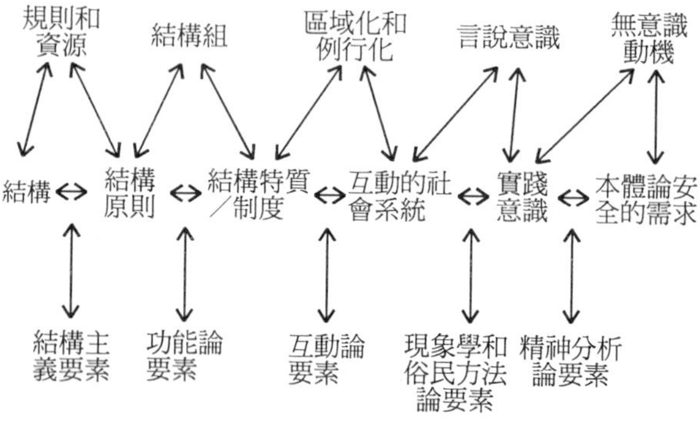

圖2-4　結構－行動理論的關鍵要素

資料來源：Turner 536；中譯本 620。

厲的批判，以下列舉數端。

融合三種社會學理論傳統於一爐的新理論，雖然規模宏大，但其中的邏輯關聯，甚至某些概念的定義都很模糊。唐納就認爲受紀登士高超寫作技巧的影響，讀者常用「內化」（internalise）的方法去「感受」（feel）含糊其詞的觀點。另一個問題是，新理論只是一個「概念體系」（system of concepts），很像帕森思（Talcott Parsons 1902-1979）的「分析實存論」（analytical realism）策略，只有一系列沒有精確關聯的定義[5]。但唐納卻非常讚揚紀登士對各種理論的折衷（Turner 535-538），紀登士本人則對這樣的稱讚表示無法接受（Giddens 1990c: 299; 洪鎌德 1996c: 204; 1997b: 151）。

從結構而言，把結構等同於規則與資源未免流於空泛，使「社會結構」和一般所謂的「規則」（道德、交通、遊戲、法律……等）處於同一地位。且「遵守規則的行爲」是指如何運用規則，不代表將規則表述出來，湯普森（J. B. Thompson）和克里尼可斯（Alex Callinicos）都懷疑這樣的規則如何構成社會的結構（Thompson 62-66; Callinicos 138-139; 洪鎌德 1996c: 202; 1997b: 148）。

此外，在社會系統中的行動者，若只單純地運用規則與資源去再生產社會結構，一個穩定的、常規化的社會系統便得以持續，不過從現實上而言，反體制的行爲不是從來沒有發生過，至少革命份子就想剷除舊體制，結構—行動理論如何處理類似的問題（Mouzelis 615-620; 洪鎌德 1996c: 202; 1997b: 148）？歸諸於矛盾或衝突的概念，未必都有很好的答案。

批判結構二元性的學者，也質疑紀登士有否消除結構與行動的二元對立。例如批評傅柯（Michel Foucault 1926-1984）只視社會爲權力與知識的設施所建構時，紀登士強調被壓迫群體的反抗，稱能知的人類行動者之反抗與改變自身的命運，乃顯示行動者在歷史上扮演主體的角色，這仍是把行動與結構分成對立的二者來討論。其強調「能知的行動者」之反抗，是對主體能力的高估，不能同樣強調結構之重要性（Callinicos, 140; 洪鎌德 1996c:202; 1997b: 148）。

最後是一代宗師哈伯馬斯（Juergen Habermas）對於「實踐」（praxis）一詞的批判。對馬克思而言，實踐指人類的勞動、或生產活動、經濟活動，換言之，是維持生命的活動。在紀登士的術語中，卻是一種形成社會結構的行動，將社會的概念化成人樣（anthropomorphistic），是導致社會理論混亂的根源（Habermas 286; 洪鎌德 1996c: 203; 1997b:149-150）。以下將進入本書的主題部份：紀登士批判唯物史觀[6]。

五、紀登士批判唯物史觀

歸納一般學者對於紀登士批判馬克思之唯物史觀（historical materalism）的見解，紀氏的基本論點約略有三：唯物史觀帶有功能論、進化論、經濟（階級）化約論色彩。這些都牽涉到社會科學方法論上的基本假設，也是「社會科學中失效的主張」（洪鎌德 1996c: 171; 1997b: 113-114）。本節中，我們將以美國新馬學者賴特對紀氏論點的分析為主軸（見**表2-1**），依照功能論—經濟（階級）化約論—進化論的順序加以敘述。

表 2-1　紀登士批判唯物史觀

	馬克思主義的中心概念	紀登士的批判	紀登士的替代方案
1.社會整體的連結邏輯	功能的總體（Fuctional totality）	功能論	機遇（contin-gently）再生產的社會系統
2.社會形式的分類	生產方式	階級與經濟的化約論	時—空距離化的程度
3.轉型的邏輯	生產力與生產關係的辯證	進化論	插曲式的轉換（episo-dic transition）

資料來源：Wright 78.

對功能論的批判

紀登士在《批判》第一卷《權力、財產與國家》的序言中說到，他的立場是反功能論與反進化論（Giddens 1981: 15）。爲何反功能論呢？他自己提出的理由有三：

第一，功能解釋缺乏時間向度，沒有正確區分靜態（statics，或共時，synchronic）和動態（dynamics，或歷時，diachronic）。唯有對社會系統做歷時研究，才能分析系統在時間中的變遷，整理出事件的相關脈絡。將時間抽離的主張，可能是因爲身處於穩定的系統之中，事件之間的前後關係都有親近的相似性，故時間因素並非很重要（*ibid.*, 17）。

第二，功能論不把人當成能知能動的主體，只單純是社會關係的載體（bearer）而已，這和另一種理論傳統—精英論的主張相互對立。因爲在某些歷史事件中，一些卓越人物的出現是無法取代的。例如在法國大革命中，羅伯斯比（Maximillieu Robespierre 1758-94）或拿破崙（Napoleon Bonaparte 1769-1821）早死的話，歷史進程必然不同（但這誰也無法回答）。問題是功能論把人的社會行爲（常有某種功能）都視爲滿足系統需求（needs），因此帶上了結構決定論的色彩（Bottomore 1990: 207-208）。紀登士駁斥了這種社會本體論的假設，將社會視爲各部份元素的組合，且將社會行爲都視爲滿足某些系統需求，有倒果爲因的危險[7]。故紀登士認爲功能論無法解釋社會現象，只能描述社會現象（Wright 79）。

修正功能論的社會觀，紀登士提出了機遇（contingently）再生產的社會系統，意謂在能知的行動者帶有反思性的行動之下，事件不是必然由結構決定的，也不是必然發生的，社會體系仍然有若干的開放性（洪鎌德 1996b: 84; 1997b: 162）。

對化約論的批判

紀登士質疑生產力與生產關係（forces and relations of production）這組概念的一致性。第一，不能因爲物質對於人類的存在是必要的，所以生產組織就是維持或改變社會時，最基礎的機制（甚至馬克思也承認這一點，*ibid.*, 88）[8]。其次，馬克思的社會進化藍圖是以生產力和生產關係的辯證爲基礎（見於《德意志意識型態》），但在《綱要》中討論「前資本主義社會的生產形式」時，又說非資本主義的社會沒有所謂的經濟（意即單獨運作的經濟制度），紀登士因此下了一個結論：生產力與生產關係的辯證，只適用於資本主義社會（*ibid*., 88-89）。

依紀登士對於馬克思社會進化的連續性之質疑(後述)，以及上述生產力與生產關係並非歷史上推動變遷的唯一驅力，那麼自然會對化約論做出批判[9]。

關於不同類型（用紀登士的術語就是不同的「結構原則」）社會的經濟與階級化約論之謬誤，紀登士認爲，前資本主義社會的主要結構原則不是經濟制度（階級關係），反而是政治制度，用紀登士本人的話來說，是「權威性資源」佔比較重要的地位，在資本主義社會，「配置性資源」則躍居首位（原因在下一節討論）。但是這樣的觀點卻遭到賴特非常強烈的詰難（見第四章）。

關於社會內的階級化約論會遭到紀登士挑戰，是由於紀登士將「剝削」定義爲：被部份利益所駕馭的支配[10]（*ibid.*, 60），所以至少還出現了三組剝削關係：國家間的、種族群體間的，以及性的剝削（*ibid.*, 242）。馬克思定義的剝削，只依經濟的觀點來解釋支配階級對被支配階級剩餘價值的榨取，但事實上也存在著「社會的剝削」，那是指支配階級利用教育或訓練機構，排除被統治階級的成員求取上進的機會，後者無法實現其生涯規劃或減少提高其生活品質的可能性（Craib 77; 洪鎌德 1996b: 85; 1997b: 163-164）。因此之故，就算資本主義消失，剝削仍繼續存在（Giddens 1981: 242-243）。

既然生產力與生產關係的辯證不能再作爲社會形式的分類標準，紀登士代之以「時空距離化的程度」（level of time-space distanciation）的概念。這新奇的詞彙依定義爲「以社會整合和系統整合爲基礎的社會系統在時空中的延伸」（Giddens 1984: 377）。要在時空中延伸，需掌握兩種資源，且紀登士認爲時空距離化的主要媒介（carriers）是權威性

		權力的基礎資源		
		權威性資源		配置性資源
時空距離化的程度	低		前階級社會	
	中	階級分化社會		
	高	社會主義社會		資本主義社會

圖2-5　紀登士的社會形式分類（賴特的歸納）

資料來源：Wright 81.

資源[11]（Giddens 1981: 92）。而馬克思主義的理論缺陷之一，便是只著重配置性資源而忽略了權威性資源（Giddens 1985: 143; 洪鎌德 1996b: 86; 1997b: 166）。

對進化論的批判

進化論的原型來自生物學，以生物體不斷適應外在環境的變化爲研究重心。紀登士認爲將社會系統類比爲有機體是錯誤的，因爲「社會不需要去適應它們的物質環境」。將「適應」當成「需求」的一種，使得進化論常和功能論分不開（Giddens 1981: 21）。唐納也承認「幾乎所有的功能論都是進化論」（Turner 521）。

進化論在紀登士的眼中有如下的危險性：(1)單線發展（unilineal compression）；(2)同型壓縮（homological compression）：誤解個人的發展與社會的發展平行、同型並進；(3)規範性的幻想（normative illusion）：複雜的社會比單純的社會先進、弱肉強食合乎進化原理；(4)時間的扭曲（temporal distortion）：時間的過往代表改變，也代表發展（Giddens 1984: 239-242; 洪鎌德 1996c: 172; 1997b: 114）。這四大危險都應排除。

進化論基礎在唯物史觀則表現出四個特色（Giddens 1981: 73-89）：

第一，將資本主義當成世界歷史的總結（summation），眾所周知，從遠古社會到資本主義社會，都劃入了馬克思所謂的史前

（pre-history）時期，唯有過渡到社會主義社會，才是真正的歷史時期（洪鎌德 1984: 152-169）。第二，這種史前—史後的分別，帶出了唯物史觀的破綻：變遷的不連續性（discontinuities）。

所謂進化藍圖中的不連續性，紀登士引用列福（Claude Lefort 1924-　）的觀點。列福發現馬克思認定在前資本主義社會的勞動條件，和在資本主義社會不同。前資本主義社會生產者的勞動客觀條件是與自然（土地）合一，且是作爲一個所有者（並非工作者）而存在。到了資本主義社會，上述的兩個條件都不成立（Giddens 1981: 76-77），爲了這個原因，資本主義和它們之前的社會形態產生斷裂，資本／薪資勞動的關係造成資本主義社會的階級，這是馬克思社會變遷藍圖的最大不連續之處（*ibid.*, 81），也是紀登士一再強調的重點（見第三章）。

接下來牽涉第三個問題：以何種角度看待社會變遷？紀登士認同韋伯（Max Weber

1864-1920）的說法：資本主義是西方獨特的經驗（Capitalism as Western），不能以生產力與生產關係的辯證來分析社會變遷，他提出「插曲式特性」（episodic characterisations 或譯「片段的特性」）以及「時—空交界」（time-space edges）兩個新奇的概念。前者的定義爲：「變遷有一個可分殊化（specificable opening）的開始，是一個事件與後果（outcome）的傾向，可與某種程度之明確系絡的抽象化做比較」（Giddens 1984: 374）。後者是「不同結構類型的社會之間，不論衝突或共生的聯繫」（*ibid.*, 377）。插曲式特性讓我們注意到一個主要的轉變發生，使得某個社會由一種類型（type）轉化成另一種；時空交界則必須注意到同時間以不同形式互相連結的社會，以證明生產力／生產關係的辯證（這是唯物史觀的第四個特色）不是社會變遷唯一的歷史性驅力。他也證明因爲亞細亞生產方式的獨特性，使得馬克思的社會變遷藍圖有了不同的進化形式（西方是進化的，東方是停滯的

[12]）。

總而言之，紀登士對唯物史觀的批判大致如同以上的敘述。唐納認爲紀登士對功能論和進化論的批判並無與眾不同之處（fairly standard, Turner 521; 中譯本 602）。其他批評者則就各自的論點對紀登士的分析做不同層面的攻擊，但這些是屬於第四章的部份，在其中有一點值得我們注意：馬克思的寫作風格常使得作品文義模糊不清，前後矛盾，後代學者常據此各執一詞，固然紀登士批評馬克思理論的功能論、進化論以及化約論傾向，但也有人反對，因爲從原著中很難認定上述三個特點都成立[13]，或許一切正如加爾布雷斯（John Kenneth Galbraith）所言：「這本書（指凱恩斯[14]的《就業利率與貨幣之一般理論》）與《聖經》、《資本論》其立論都是曖昧而模稜的；也就是因爲這種原因，使這幾本書都能得到大量的皈依者。……《聖經》、馬克思的《資本論》與凱恩斯的《一般理論》，都因爲有足夠的矛盾與曖昧之處，使讀者能找到一些他想要相信的東西，故而能擁有大量的門徒」（加爾布雷斯 240）。唐納批評紀登士的理論，也頗有這個味道[15]。接下來必須要具體描述紀登士的社會變遷圖像。

註　釋

[1]紀登士承認他確實帶有社會學的偏見（Giddens 1984: xvii）。

[2]（humanistic geography）以及一般的社會科學裡「人文主義」的核心關切，見 Johnston, R. J., Derek Gregory .and David M. Smith, 「人類施為」（human agency）條目。

[3]同，請見 Giddens 1981: 29 以及 1984: 35.

[4]空間的概念，請參看《人文地理學詞典選譯》，「空間」條目。

[5]唐納認為這些問題導源於紀氏對實證主義和自然主義的態度（Turner 538）。

[6]對於上述的批判，紀登士並非完全沒有回應，請參閱洪鎌德 1991c。

[7]倒果為因的例子，紀登士舉的是馬克思將失業工人當作「勞動預備軍」的說明（Giddens 1981: 18）。

[8]薩耶(Derek Sayer)完全同意紀登士這個觀點。Sayer 241.

[9]在馬克思的理論中，是指經濟或階級的化約論。

[10]「支配」（domination）指資源的結構性不對稱。Giddens 1981: 50.

[11]傑索普(Bob Jessop)即認為紀登士對國家的討論帶有政治主義的偏見。Jessop 119-120.

[12]基於這個原因（非單線演化），蔡德麟（Irving Zeitlin）和薩耶都不認為唯物史觀是進化論，因為馬

克思當時流行的進化論是單線進化（Zeitlin 108; Sayer 239）。

[13]蔡德麟否認馬克思的進化論框架，索維爾（Thomas Sowell）則否認了馬克思有所謂的「經濟決定論」或單向的因果關係（索維爾 113-119）。但他們二人都承認馬、恩作品中的比喻容易給人這樣的誤解（Zeitlin 107; 索維爾 op. cit.）。

[14]John Maynard Keynes 1883-1946.

[15]見本章〈評論〉一節。

第三章
紀登士的社會變遷圖像

在前述章節曾提到紀登士以「時空距離化的程度」（或「層次」，level of time-space distanciation）作爲社會分類原則，經過這個原則的歸納，所有曾在人類歷史上出現過的社會可分爲如下三個類型：部落社會、階級分化社會與階級社會。

當然在這個分類架構中，時空距離化的能力也是逐步提昇的，有人因此質疑這個分類原則的進化論色彩（見第四章）。不過在本章中，筆者必須詳述各類型的社會之結構原則。事實上，姑且不論其是否有進化論的嫌疑，以時空距離化的程度來看社會變遷是不盡完善的，難有說服力，因爲那只是「程度」上的差別，基於何種理由，可以判定一個社會由部落形態轉入了階級分化社會？因此，更重要的是，不同類型的社會具有不同的結構原則，由結構原則來看社會變遷（轉型）更爲清楚，而且透過對這些結構原則的分析，可以把結-構--行動理論應用到實際的歷史當中[1]。

其次，依照《批判》第一卷和第二卷探討

社會類型	結構原則	整合方式
部落社會 （口語文化）	傳統（tradition-communal practices） 親族（kinship） 團體制裁（group sanctions）	社會整合與系統整合融合
支配的場所組織：聯帶團體或村落		
階級分化社會	傳統（tradition-communal practices） 親族（kinship） 政治—軍事力（politics-military power） 經濟互賴（橫向與縱向的低度整合）	社會整合與系統整合分化
支配的場所組織：城—鄉的共生		
階級社會 （資本主義）	例行化或慣常行徑化（routinisation） 親族（家庭） 監控 政治—軍事力（politics-military power 經濟互賴（橫向與縱向的高度整合）	社會整合與系統整合分化
支配的場所組織：被創造的環境		

圖 3-1　紀登士的社會分類

資料來源：Giddens　1984 : 181-182.

的內容來看，《權力、財產和國家》比較多討論資本主義社會和非資本主義社會的差異，《民族國家與暴力》著重討論民族國家與傳統國家的分別[2]，二者同樣證明社會變遷的不連續性，紀登士認爲現代社會因此和傳統社會有嚴重的斷裂。本章的編排則分別由部落社會、階級分化社會、階級社會，以及國家的發展依序討論，最後並稍微敘述現代性的問題，藉以和傳統社會對照。

一、部落社會

「部落社會」一詞的用法和平常我們的認知並沒有相差多少，這也是人類學家主要的研究對象，放入社會學研究的例子並不多見。紀登士討論部落社會，是因爲部落社會在現代仍然是繼續存在的社會形態之一。在唯物史觀中，馬克思闡明人類社會由部落—奴隸—封建—資本主義的嬗變，但部落社會在目前並未完全消失，某些部落其存在的歷史甚至和西方文明一樣長久，證明社會不一定必須進化。紀登士說：「認爲狩獵與採集社會處於赤貧狀態的想法是錯誤的，在那樣的社會中，大多數人不需像現代工業社會的勞工一般拼命工作以得溫飽。搜尋食物是間斷而非長期延續的工作，儀式性考量對每日生活節奏的影響要比物質的無上命令重要多了……」（Giddens 1981: 84）。有關於採集—狩獵社會的悠閒生活，薩林斯（Marshall Sahlins）的研究發現，採集—狩獵者每天平均工作約三至四小時（且日常所需大概只有 35%來自狩獵，65%來自採集，Mann 1986: 42）。更令人訝異的是，「向農業和畜牧業的過渡可能並沒有導致更大的繁榮」（*ibid.*）。因此，每個社會努力尋求增加剩餘生產的神話破滅了，部落社會沒有必要進化到下一個階段，「生產力並非是主要插曲性轉變的基礎」（Giddens 1981: 84）。用紀登士的觀念來說，社會變遷的驅力是多元的，不

社會類型	結構原則	整合方式
部落社會（口語文化）	傳統（tradition-communal practices） 親族（kinship） 團體制裁（group sanctions）	社會整合與系統整合融合
支配的場所組織：聯帶團體或村落		

圖 3-2　部落社會的結構原則

資料來源：同圖 **3-1**。

是單一、固定的，但進化模型卻常將變遷的來源視為內生（endogenous）的變數（*ibid*., 90-91），顯然是一大謬誤。根據紀登士的分類，部落社會的結構原則如**圖 3-2** 所示。

口語文化特別之處，要從書寫文字對貯存知識的重要性來理解：沒有文字就限制了儲存知識的能力，而知識可產生權力[3]。紀登士所發展的權力理論特性之一，是他認為透過對兩種資源的控制，權力可以儲存。在特定時空內對資源的控制或支配，就是「時—空距離化」一詞的涵義，故從這個角度而言，紀登士的社會變遷觀念和權力的產生有密切的連繫[4]。

由於缺乏書寫文字，知識技術的傳承限於個人有生之年的記憶，對應兩種資源的支配，其範圍也就相當有限，故其時—空距離化的程度相對也較低，唯一的例外可能就是印加帝國。

結構的部分，作爲社會實踐的重要指導，在部落社會就是傳統。將社會制度不斷在時空中再生產以維持系統持續性的，則是親族關係。因爲社會結構必須體現於人的活動，親屬關係將每一世代的人連續起來，不至於讓社會結構隨著一個世代的人生命消逝而歸於無形，故親族一直是所有社會的結構原則之一（見圖**3-1**）。

於是，傳統的特殊性就愈明顯，在紀登士的眼中，「傳統，是社會再生產的最基本形式，包括了時間意識（time-consciousness）的特別形態」（*ibid.*, 93），因爲傳統可用相似的信仰和實踐，使相距遙遠的世代之間保持接觸，也就是解決「現在」與「過去」二者的分離狀態。不要忘記，社會制度必須是在長時間的社會實踐中逐漸累積沈澱而產生的（意謂規則與資源的重複使用，洪鎌德 1996c: 188; 1997b: 132-133），故紀登士採用布勞岱(Fernand Braudel 1902-1985)的「長時綿延」（*longue duree*）作爲制度的時間，唯有定型化的社會實踐，才能證明制度的存在。所以，傳統就把時間連結起來，部落社會的時—空距離化得以完成。他附帶批評韋伯分類正當性的來源時，把理性和傳統完全分開了。傳統不一定表示沒有理性的成分，因爲那可能是經驗累積起來的智慧（Giddens 1981: 93）。

最後順帶一提的是，傳統是社會制度的複雜綜合，在部落社會，難以用「政治」、「經濟」等現代的詞彙去理解其行爲的內涵，就算是交易活動，有時也有不可解的儀式成分在內，與追求利潤無關（例如盛行於南太平洋的「庫拉交換圈」，the Kuia Ring）。李維史陀（Claude Levi-Strauss）論原始民族與西方文明的思想活動差別，在於前者拒絕笛卡爾

（Rene Decartes 1596-1650）式的分析方法，但西方文明的作法，是「在尋找一個特定問題的解答方式時，（我們）總是訴諸於某一個別的科學領域，或許是法律、道德、宗教、藝術……對人種學家所研究的這些民族而言，這一切領域是相互聯結的」（葉希邦 156）。

最後一個結構是團體制裁，有關於此，紀登士並未做任何說明，因此筆者試圖用 D-D-L-S 模式來說明[5]。雖然正如剛才所提到的，部落社會的行動結構很難做這樣的劃分。不過，若勉強將傳統包含政治與經濟制度，則團體制裁可說是部落社會的法律制度[6]。部落社會得以實行制裁的原因，可能和其整合方式有關（稍後討論），但若傳統是個無所不包的結構，那麼正當性也在其中。事實上，紀登士也同意傳統作爲社會實踐的正當性基礎（Giddens 1981: 93; 151），這個假設成立的話，實在毋需多此一舉歸納出「團體制裁」的結構。但因爲紀登士對此沒有說明，也難探求他的原意[7]。

至於社會如何整合成一個系統[8]？紀登士指出部落社會的社會整合與系統整合是融合的。因爲基本上，口語文化無法進行非面對面的互動[9]，換句話說，此種文化的社會界整合依賴高度的可呈現性[10]（high presence-availability）。當一個部落居民離開他的社群，通常是短暫的數天，同時他也就和所屬的社群失去了互動連繫。當然也有可能部落群體的成員彼此居住地相當分散，但他們仍會定期地參加儀式聚會，這也是基於傳統這項結構顯現出來的制度（*ibid*., 160）。

關於支配的場所組織，則是聯帶團體（band group）或村落，就是通常我們所稱的共同體（*Gemeinschaft*），因爲在共同體（社群）中，難有算得上是陌生人的成員。當然這和資源的支配程度有關，更重要的是受限於沒有文字，時空距離化的程度相對就低。

二、階級分化社會

階級分化社會的定義是：「在農業國家（agrarian states）中，有可辨認的階級區分，但階級區分卻不是其社會主要的組織原則（Giddens 1984: 373）」。和一九八一年的定義比較，一九八四的定義增加了「農業國家」這個新的規定。如此一來，「農業國家」又造成定義上的爭論，到底用國民生產毛額（GNP）或農業人口來計算，不得而知。再者，拿破崙戰爭之後，歐洲列強的經濟還是處於相當傳統的形態：「在一八一五年至一八四八年期間，歐洲經濟仍然是傳統型的：農業的地位高於工業，消費品的生產優先於重工業」（甘迺迪 202），將「工業社會」的時代又往後推移了。至於第二個規定：階級不是其社會主要的組織原則，就成了紀登士對馬克思主義

社會類型	結構原則	整合方式
階級分化社會	傳統（tradition-communal practices） 親族（kinship） 政治—軍事力（politics-military power） 經濟互賴（橫向與縱向的低度整合）	社會整合與系統整合分化
支配的場所組織：城—鄉的共生		

圖 3-3　階級分化社會的結構原則

資料來源：同圖 **3-1**。

者最大的挑戰，紀登士必須力圖證明這一點。首先我們可由圖 **3-3** 看到階級分化社會的結構原則。

關於傳統和親族，在前面已討論過。但在這裏，還要補充「傳統」在部落社會和階級分化社會的作用，這和我們的日常生活有關。

在紀登士的理論中，維持「本體論的安全」是人類行爲的最深層動力。這種安全感很大一部分要靠互動的「例行化」（或常規化、慣常行徑，routinisation），代表互動的後果是可預期的，長時間不變的再生產程序，此外還有空間中的秩序安排，稱爲「區域化」（或領域化，regionalisation, Turner 532）。傳統就提供了這個作用，它將現在和過去兩個不同的時間感（consciousness of time）結合起來，形成一種恆常的時間意識（time-consciousness），融入生活經驗中。因爲紀登士深受海德格（Martin Heiddeger 1889-1976）存在主義與柏格森（Henri Bergson 1859-1941）的生機哲學影響，故他採用了頗有哲學意味的詞彙：每日存在的綿延（the *duree* of day-to-day existence, Giddens 1981: 150），這種生活經驗的綿延必須一代傳過一代（每一代稱作「生命循環」—life cycle）。由傳統控制的例行化連續性（the continuity of routinisation），一般稱作「社會化」（*ibid.* 151）。

在《社會的建構》一書中，紀登士討論到「創造歷史」（making history）時，更深化了傳統的涵義，因爲歷史和時間有密不可分的關聯，尤其是「現在」和「過去」，他還引用了中國先秦思想家荀子的哲學觀念[11](Giddens 1984: 200-201），但本節並沒有打算討論歷史觀念的問題，所以就此打住。不過用李維史陀強調的觀點來作結尾是最恰當的：「傳統是可反轉時間（reversible time）的中介，它將每日生活的綿延（*duree* of daily life）和制度的長時綿延（*longue duree* of institutions）[12]連結起來。」（*ibid.*, 200）

以上是由部落社會轉換到階級分化社會時，仍然保持不變的結構。但階級分化社會出現的重大變遷，第一爲書寫文字的發明，其次爲城市文明（農業文明的結果）的出現，二者同樣改變了權力結構，使人類社會歷經了第一種模式的插曲轉變（第二種則爲工業資本主義，Giddens 1981: 82）。

文字對時空距離化的提昇有莫大幫助，因爲文字可以儲存知識、增進生產力。另一方面，文字對於發展中的統治技術，亦即提升權威性資源的控制，更不可忽視，這涉及到紀登士強調的一項政治功能：監控（surveillance）。監控包含兩個互相連結的現象：第一，累積訊息；第二，可以監督屬民的集體活動（*ibid.*, 169）。強調監控，很顯然受到傅柯之「規訓權力」（disciplinary power）的影響，不過在階級分化社會當中，統治者對人民日常生活的監控並不太重要，因爲可支配的資源並不夠充分，不足以涵蓋所有名義上統治的領土，只限於少數的地方[13]（見後述）。要到民族國家形成之後，政府對人民的監控才達到幾乎無孔不入的地步，社會無時無刻不在國家的監視之下，已喪失了其自身的獨立性，現代社會，除了國家（政府）之外，已沒有其他獨立存在的社會，故紀登士不採用「民間社會」（civil society）這個術語（Giddens 1985: 21-22）。

定居式農業（settled agriculture）時期[14]開始有城市文明出現，這個現象對紀登士而言最重要的一點，是城—鄉這組權力結構。按照紀氏的理論，權力是可以儲存、蓄積的，城市因此成爲「權力容器」（power container）或者是「儲存容器」（storage container, Giddens 1984: 183），儲存能力（storage capacity, Giddens 1981: 100）代表一個權力中心的時空擴張（時空距離化）的能力。

此時粗略的中央政府形式（國家）已經出現，所以政治與經濟的結構也逐漸自傳統分化，但這個時期國家的行政權很少干涉人民的日常生活，通常除了納稅或者還有徵兵之外，限於本身支配資源的程度，政府並不過問臣民的私人生活，故傳統仍然是人民社會實踐合法性的主要來源。

前述的城—鄉關係因此是這樣的一個結構：農村提供剩餘生產支持城市的物質所需，城市則由其蓄積的權威性資源支配周圍的鄉村地區，少部分藉由行政權力的滲透，較多藉由軍隊來維持控制（軍隊是王權與帝國的內部屏障，Giddens 1985: 101）。雖然在馬克思主義者看來，城市佔用農村的剩餘生產也是一種階級剝削的表現，但紀登士認爲，這種經濟的互賴（economic interdependence）在構成帝國社會系統（也屬於階級分化社會）的整合時，是最不重要的結構[15]。因爲非資本主義社會並不是一個生產方式（mode of production），例如帝國的擴張主要依賴軍隊而不是經濟生產。從另一個角度來說，馬、恩喜歡用私有財產形成階級關係的說法[16]，但紀氏則認爲歐洲歷史上的希臘、羅馬到封建時期，私有財產作爲權力來源的基礎難有說服力（但紀登士的說法卻沒有舉證）。

因此，紀登士強調在階級分化社會中，政治—軍事力是系統整合的一大支柱，重要性超過經濟紐帶的互賴。城市成爲權力的容器，包含神權（廟宇爲象徵）與王權（宮殿爲象徵），吸引各式各樣的人前來，包括需要保護的人，也包括商人。所以，是城市的權力引來商人，而非貿易帶動城市興起。爲了證實紀登士的說法，筆者試圖由布洛赫的著作中尋找線索，證明階級分化社會中，經濟不是支配性的結構。

在馬、恩的分析中，封建主佔用農奴的剩餘生產是爲封建社會中的階級關係，這也構成封建社會的主要形式。但從布洛赫的研究中發現，土地關係固然是最基本的，若沒有賞賜封地就不能成爲領主，但得到土地的不一定就是騎士，有可能還是一個「勞作的人」[17]。即使最受矚目的農奴—領主這層關係，農奴不僅束縛於土地，更重要的是，他屬於他的領主（布洛赫 386-387），在封建社會的任何階級，社會紐帶的核心是成爲「另一個人的人」（the man of another man, *ibid.*, 225）。這種人—人的連帶要重於人—地的連帶，但土地關係仍然是最基本的，因爲領主必須供給封臣的物質需求，這是否仍可以說，經濟是支配性的權力結構？再者，因爲土地關係的混亂，也造成階級的混亂（*ibid.*, 378），如此或許可以符合紀登士對階級分化社會的定義：階級分析不能作爲辨識社會組織的基礎結構原則（Giddens 1981: 7）。

不可否認，階級分化社會的時空距離化層次要更高些，人們不單只生活在自己的社群之中，他們被整合到一個範圍更大的社會，陌生人出現，同時人際互動也不再只限於「共同呈現」，藉著書信的往返，處於「離現」（absence，不在）的成員現在也能進行互動。這種非「共同呈現」的相互關係，謂之「系統整合」（Giddens 1984: 377）。階級分化社會的社會整合（social integration，面對面的相互關係）和系統整合已經互相分離，國家在社會系統整合方面的貢獻，在於控制政治—軍事力和經濟互賴兩個結構（所謂經濟互賴是指城—鄉的分工與整合），當然紀登士認爲政治—軍事的結構在此時比後者更有地位。

空間組織的安排（支配的場所組織）則是城鄉的共生（symbiosis of city and countryside），因爲這組關係也是權力主要的發生場所。

三、階級社會

階級社會也就是資本主義社會，結構原則又經歷一次插曲轉變，紀登士認爲這第二次的插曲轉變使得資本主義社會和先前的社會產生變遷上的斷裂，他在《批判》中全力證明這一點，焦點就放在勞動力商品化。**圖 3-4** 指出的則是階級社會的結構原則。

傳統作爲日常生活實踐的合法性來源已被取代了。「例行化」一詞原本是指習慣性的、視爲理所當然的社會日常活動，旨在求取本體論的安全感。在現代社會，例行化已成了機械式生活的同義詞，馬克思指出了其中的原因：勞工對其生產過程失去控制，勞動成果和勞工本身產生了異化，於是社會生活隨之失去意義。紀登士則解釋爲傳統的本體論安全（the ontological security of tradition）被三組轉換所

社會類型	結構原則	整合方式
階級社會（資本主義）	例行化或慣常行徑化（routinisation） 親族（家庭） 監控 政治—軍事力（politics-military power） 經濟互賴（橫向與縱向的高度整合）	社會整合與系統整合分化

支配的場所組織：被創造的環境

圖 3-4　階級社會的結構原則

資料來源：同圖 **3-1**。

取代了。

第一組轉換和馬克思的解釋一樣：勞動力商品化、喪失勞動過程的控制，以及勞動意義的破壞（Giddens 1981: 152-153）。有關勞動力商品化的分析，將在本節稍後解釋資本主義的經濟結構時再提及。

第二是每日的時空途徑之轉換（the transformation of the time-space paths of the day）。空間方面，區分爲工作場所與家庭，時間上區分工作時間與閒暇時間（*ibid.*, 153）。的確，對固著於土地上的農民而言，勞動與家庭生活不是那麼截然劃分，最主要的原因是其沒有勞動紀律的約束，所以沒有硬性的上下班時間，也不需要到一個管理嚴格的團體工作場所。

第三是都市文明的特性：市地的商品化（the commodification of urban land），其結果則是出現了「被創造的空間」（the created space），例如棋盤方格化的街道、住宅區、商業區、工業區的劃分。在階級分化社會，建築物和其生態互相結合，例如城堡矗立在山丘上，俯瞰其權力所統轄的範圍，在現代的都市中，土地則因「地段」的不同而定出價格（*ibid.*, 149; 153-154）。

失去意義的社會生活，紀登士用「日常生活」（everyday life）一詞，以區別傳統的「逐日生活」（day-to-day life）型態。至此紀登士又對唯物史觀加以批判，第一個理由是，由現代生活與傳統生活的斷裂來看，社會發展不是連續的，在傳統社會，物質生活的生產方式不是社會變遷的主要動力。其次是進化藍圖的種族中心偏見：人總是賦予自己可以解決的任務，因爲（算是第三點），馬克思認爲人和其他動物最大的不同，是能夠製造工具，役使其他動物（*ibid*., 154-156）。

在部落社會與階級分化社會，傳統是社會實踐的合法性來源，到了現代社會，很多傳統都被質疑、推翻，另以科學眼光看待日常生活的實踐，找出其中合理化的基礎。但正如某些科學哲學家的研究（如柏波爾 Karl Popper 1902-1994）指出，科學理論具有的暫定性特質，事實上也不斷有推陳出新的科學觀念解釋現象，不斷衝擊個人生活世界的概念體系，現在和過去不再是一個互相接續的綿延，兩代之間禁得起考驗的真理所剩無幾，於是現代生活常要重新塑造例行化的實踐，因此危及到本體論的安全感。這個過程實際上自啓蒙時代就有跡可尋，傳統不斷被挑戰，但取代傳統的科學理論本身並不能維續多久，又被另一個新理論取代，因之現代生活常處於不確定的狀態（這部分可參考本章最後一節）。

至於親族結構仍然是社會系統延續的生物基礎，紀登士並沒有解釋爲何要加一個附註：「家庭」，筆者個人的想法，其中的答案在紀氏 1982 年的作品找得到：在工業化以前，家庭緊密地處在一組龐大的血緣關係—「宗族家庭」（the extended family）之中，而且是經濟生產的中樞。然而，過渡到工業社會以後，家庭不再是一個生產單位，而且也已經使宗族家庭解體、血緣關係縮小爲「核心家庭」（the nuclear family）之中：一種由雙親及其直系子女組成的家庭（Giddens 1982d, 中譯本: 111）。可見宗族的重要性已降低至以家庭爲單位。

監控結構在前一節已經稍微提到，在《權力、財產與國家》當中，將民族國家的監控特性視爲一個獨立分離的結構，但紀氏也承認這個現象存在於任何形式的國家中（Giddens

1981: 165），不同的是，民族國家對個人生活的監視已全面滲透每一個面向。權威資源的蓄積（表現的形式則是書寫文字、監獄、媒體、電腦）是國家進行監控活動的基礎，也是國家權力鞏固的媒介（*ibid.*, 5），不過在《批判》的第二卷：《民族國家與暴力》才有更深入的說明。

另一個結構：政治—軍事權力也是第二卷的重點。在此有一點質疑的是，原本在一九八一年的構圖中，並沒有軍事權力這一項，在一九八四年《社會的建構》才加上去，可見原先的構想，資本主義社會的支配性結構是經濟，傳統社會是政治與軍事的結合。之後忽然又再強調戰爭對民族國家的影響，這和目前許多歷史社會學的研究成果很相符。第一卷中，民族國家主要和民族主義（nationalism）的現象，以及社會學對國家的討論相關聯。主要的論點，則指出馬克思主義對於國家的政治本質並沒有清楚的認識。若依紀氏的理論，資源既分爲兩類，如此一來很容易就對國家的相對自主性問題找出解答：民族國家與資本主義二者的發展是相輔相成，並沒有任何一者支配對方，固然資本主義社會的政、經制度互相分離，但國家一向很積極干預市場，同時也非如此不可，因爲民族國家處於一個競爭體系當中，競爭的焦點放在貿易、領土，爲了保護這二者，軍備競賽也產生了。以下將花比較多篇幅討論經濟結構。

在《批判》一書中，紀登士強調資本主義社會最具決定性的結構特徵，在於勞動力商品化（此爲現代與前現代最基礎的不連續，Giddens 1985: 142），這方面他稱讚馬克思的高見，只不過，用紀登士的話來說，是配置性資源的重要性第一次超越了權威性資源，而非馬克思所言，一直是佔用剩餘生產和私有財產制的關係。

紀登士駁斥馬克思在歷史上每一個時期都強調剩餘生產的重要性，剩餘生產只在資本主義社會有經濟上的意義，因爲此時的剩餘生產是勞工受資本家的強制剝削而來，資本家可將之轉換爲資本再進行擴張生產。事實上，農業社會的剩餘生產一直是常態，用羅素（Bertrand Russell 1872-1970）的話來講，積穀防饑是人類理性的一種深謀遠慮，爲了將來的快樂而願意忍受目前的痛苦（羅素 32-33）。至於可做多少剩餘生產，視生產技術與勞動力多寡而定。縱使統治階級擁有大量奴工，他佔用了他們的剩餘生產，但也僅止於此，因爲在前資本主義社會，私有財產並沒有可轉換爲資本以進行投資活動的明確機制，獲得更多財富的方式因此不是投資，而是征服（如封建社會和帝國社會）。

私有財產制確保佔用剩餘生產的合法性，不過私有財產在紀登士的理論中必須加以釐清：首先是其包含的內容，在階級分化社會，生產工具主要形式是土地，資本主義社會則爲工廠、辦公室、機器。其次，財產還必須包括「控制物質資源的規範性權利」（normative rights of control of material resources），也就是我們可以如何處置我們自己的財產，紀登士稱之爲「資源的可轉移程度與類型」（levels and types of alienability of resources，請見**圖 3-5**）。

土地財產的可轉移程度較低，因爲土地是不能隨意帶著走的，而且土地生產（自然生產）還受到氣候、季節等的影響，所以階級分化社會中，財產的處置方式就容易受到限制。資本就有較高的可轉移力，它透過交易的形式轉換爲各式配置資源（包括產品與生產工具），但在前資本主義社會，貿易活動是農業生產的殘餘[18]，到了資本主義社會，因貨幣（交換的媒介）之助，財產轉變爲資本，貿易才能取代自然生產，成爲主要的經濟活動（Giddens 1981: 113-116）。財產可轉換爲資本，才是資本主義的第一組關鍵性轉換。

第二組關鍵轉換，他分析馬克思所謂之勞動力商品化（即勞動力可用客觀方法付費收購）的基本條件，其實是勞動時間的客觀化，意即對勞動時間的精確測量[19]，可以訂出每日的勞動時間，每日工資，甚至每小時的工資，

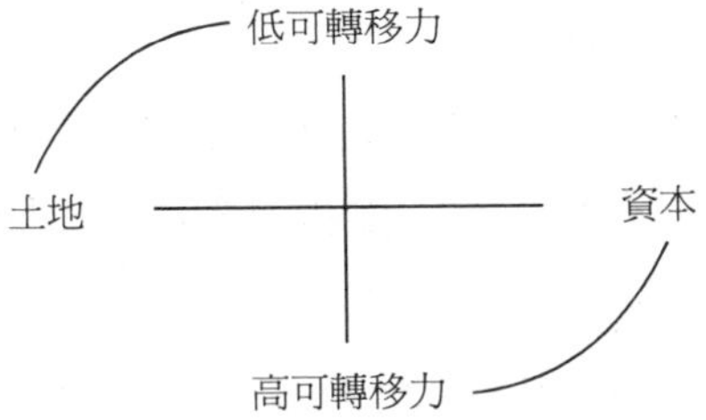

圖3-5　財力的可移轉力

資料來源：Giddens 1981：114.

使得勞動價值等於勞動時間（*ibid*., 118-119），勞動時間可用工資衡量，意味時間也商品化了，用曼福（Lewis Mumford）的話來說，時鐘比蒸汽機更能成爲資本主義的縮影，時鐘也成爲新的權力機器（*ibid*., 133）。

如此一來，傳統的時間感隨之破壞了，原本在傳統社會，時間是作爲生活的時間（lived time），是存在的生活經驗綿延（the lived experience of *duree* of being），可以說純粹是自然的時間[20]，現在出現了人爲劃分的時間：

工作時間與休息時間，這也是造成現代社會生活機械化的原因之一。

財產可轉爲資本，以及勞動力的客觀化測量（時間商品化）能重新解釋馬克思提出的資本累積過程。至於馬克思提出的另一套資本主義取代封建制度的歷史過程：自由勞工的出現，由於各國的發展不同，紀登士視爲歷史的偶然[21]，因此不加以研究。但是除此之外，資本主義生產必須包含第三個要素：工作場所的勞動紀律（labour discipline）。

提出勞動紀律，是爲了抗衡工業社會理論者愛用的「技術決定論」。資本主義式的生產，團體勞動的實現是比較根本的變革，能源動力機器的使用並非一開始就相當普及，佔有重要地位。因爲在工業革命之後，仍有很多家庭工作者，直到工作場所與家庭分開（空間關係的再組織），才進入資本主義生產（*ibid.*, 135-137）。雖然自由勞工被迫接受勞動契約，但工廠的勞動環境實在和農場相差太多，不僅要遵守劃一的勞動紀律，還要忍受很惡劣的衛生條件，甚至還有法律上的剝削，在英國當時的寫實主義作家，如狄更斯（Charles Dickens 1817-1870）的小說，就暴露了社會的黑暗面。面對嚴苛的條件，勞工也曾採取暴力的抗爭，因此大規模工廠生產方式出現的初期，國家甚至出動軍隊、警察維持秩序（*ibid*., 137-139）。

勞工被迫接受勞動紀律（契約），又引發另一個問題：雇主既不掌握暴力工具，何以強迫勞工就範呢？這也是民族國家和先前的階級分化社會一個相當基本的不同：政經制度的高度分離與民族國家內部和平化（internal pacification）的完成。關於後者，將於稍後討論，此處必須提到紀登士對資本主義社會所謂政經分離的解釋。

政經制度在資本主義社會中是互相分離的，政府中的統治菁英本身並不擁有社會的多數財富，不論馬克思主義者或非馬克思主義者都承認這一點。但若以爲資本主義之得以發展是因爲政治不干涉經濟的結果，這種看法便需要大大修正。

紀登士認爲，政經分離的論點在勞動契約上是成立的，國家提供行政服務與法律機構保障契約關係，使雇主以國家的公權力爲靠山剝削勞工，但資本主義的另一個重要面向：市場，國家並非保持超然的立場。在資本主義社會的歷史中，只有很短暫的時期市場是真正脫離政治而競爭，而且只限於英國[22]和美國。至於德國這個後進工業國，經濟發展一直受到國家發展方向的指導[23]，故從市場競爭的角度而言，政治與經濟兩種制度固然互相分離，但在資本主義之下更加整合了。反而是階級分化社會，政經要更分離（*ibid.*, 128），統治菁英雖然向屬於他們的農奴徵收租稅[24]，這不是現代意義的勞動契約，更正確的說，是一種人身契約。至於交易市場，前資本主義的交換型態是屬於布勞岱的初級交易[25]。政治干涉經濟的方式，即爲徵收關稅充實領主的金庫，但領主並未因此而干預生產過程。

此時社會整合和系統整合仍然是分化的，

這也是因社會之時空距離化程度繼續增大的緣故。和先前的階級分化社會的不同點在於，國家權力已經深入了每個結構之中，負擔起整個社會界（societal）整合（或可稱社會系統整合）的工作。

至於空間組織的安排部分，最顯著的特徵是城—鄉權力關係的解組。傳統的城市作為權力的中樞，表現在高聳的廟宇和政府的建築物，到了資本主義社會，基於三組變遷，城市不再佔有主要的支配地位（但都市仍然是商業中心）：

(1)權力容器的角色被民族國家取代[26]。
(2)城鄉這組結構—行動化主軸在資本主義社會中解組了[27]。
(3)都市生活的模式化因素已經與在非資本主義文明中的大不相同（*ibid*., 147-148）。

取而代之的是「被創造的空間」，表示空間的安排和自然生態脫離關係。市地商品化

（空間商品化）和時間商品化同爲現代生活失去意義的三組轉換之一，前面已經述及，此處不再重複。

四、國家形式的變遷

《批判》第二卷的主題圍繞在民族國家上面，討論的有幾個議題：官僚（行政權）、監控、軍事權力、民族主義、工業化、民族國家體系（世界體系），很多恰足以補第一卷的不足。同時，第一卷似乎較偏向社會學的角度，第二卷則有比較多屬於政治學的興趣。不過和第一卷比較，第二卷的組織編排較爲散亂，因爲在第一卷中，遵循比較多理論概念的原則作討論，例如兩種權力資源、社會系統整合、空間組織等，尤其紀登士在《權力、財產與國家》相當注重區分權威性資源和配置性資源在不同的社會中所佔的地位，因此讀者有比較集中的焦點可循。在《民族國家與暴力》就失去了清晰的焦點。或許紀登士本人不這樣認爲，因爲他在第二卷當中探討的是當代民族國家的問題，其中又有三個不可化約的面向：資本主義、工業主義、民族國家，三者環環相扣，共同打造了現代世界的基礎（Giddens 1985: 4-5）。尤其這三者又和人類文明長期以來普遍的現象—戰爭—又有密切的關聯。若說第一卷對於資本主義有本質上的分析，則在第二卷中，就強調現代民族國家和傳統國家有何不同，以及民族國家—（戰爭）工業化—資本主義緊密的結合，形成了現代社會[28]。

紀登士在《批判》第二卷的第一個主題是對傳統國家和現代民族國家做區分，但是在這個工作之前，必須界定一些概念。

「國家機器」（the state apparatus）指政府機關，「社會」（society）或「文化」（culture）指「社會系統」，所有國家都包含了屬於其統治之下的社會系統，其再生產方面的反省性監控（*ibid.*, 17）。對國家的定義則爲：「可以動員暴力工具，以支持其進行領土性統治（rule is territorially ordered）的政治組織」（*ibid*., 20）。紀登士承認他比較偏好韋伯的定義，但韋伯錯誤之處是認爲傳統國家也符合上述定義，事實則不然，對暴力工具的壟斷僅在現代民族國家才辦得到（雖然並非所有民族國家都成功地壟斷暴力工具，例如內戰、軍事政變不斷的國家，但傳統國家則不可能做到壟斷暴力工具）。

其次筆者藉用傑利（David Jary）的整理，對照紀登士分類的傳統國家、專制國家和現代民族國家，整理如**表 3-1**。

以下筆者將以這四個主題，依傳統國家—專制國家—民族國家的順序敘述紀登士的觀點。

傳統國家

首先是傳統國家的疆界（boundary）特性，傳統國家並不像現代國家訂出明確的國界（border），並對人民進出國界加以管理。這

表 3-1　傳統國家、專制國家與現代民族國家

	傳統國家	專制國家 (過渡的形式)	現代民族國家
疆界的特性	沒有清楚的疆界，有邊疆而無國界 國家與社會不是共同擴張，多重社會的國家	現代國家的先驅 由個人主權轉向國家主權 國家系統以戰爭和戰爭準備爲核心	清楚劃定以及高度行政管理的國界 國家與社會共同擴張是民族國家體系的一部分
暴力壟斷與其扮演的角色	內部：暴力是行政的慣常特色 外部：軍隊和軍事技術是支配領土的基礎	內部：國家權力將取代城市的城牆 外部：國家形塑的核心圍繞在戰爭和戰爭準備 海軍優勢凌駕非歐洲國家	內部：內部和平化大致完成，暴力威脅置身幕後 外部：戰爭工業化—應用科技、常備軍、徵兵

(續)表 3-1　傳統國家、專制國家與現代民族國家

	傳統國家	專制國家 (過渡的形式)	現代民族國家
行政權所及的廣度與強度	廣闊的領土控制 低強度的行政權，只能穿透生活領域的某些部分	增加行政控制，特別是財政與軍事相關需求，新法律秩序	高行政強度 監控—訊息與隔離的控制
內部的核心衝突	菁英間的衝突(改朝換代) 農民暴動，但不以階級衝突爲核心	國家與菁英之間不斷改變聯盟關係	資本與勞動的衝突(階級爲核心) 但階級衝突不決定一切 多元政治，公民權

資料來源：Jary　134-135.

種國界的概念在傳統國家是難以實踐的，通常兩個國家之間只有一個模糊的分界：邊疆（frontier）。在概念上如何區分國界和邊疆？邊疆是指很少人居住的地方，國界則是使兩個（或以上）國家結合在一起的地方（Giddens

1985: 49）。邊界對國家的意義是：邊界可以表現一個國家擴張的動力，凡是朝氣蓬勃的國家莫不想延伸它的空間（*ibid.*）。不過縱使一個版圖遼闊的帝國（如羅馬、亞述等），卻很難對自己的政治體系劃分出明確的空間範圍[29]，這是什麼緣故呢？因爲在傳統國家，權力結構是支離破碎的，表現於城—鄉關係上。一個前現代的城市，加上供給它剩餘生產的農業腹地，就是一組權力（權威與配置資源）關係，傳統國家充斥這樣自主性很高的多個權力核心，每個鄉鎮的居民甚至可自由穿越不同政治體系的模糊分界自由往來。造成行政權如此低落的原因，可歸因於統治者的權力資源控制範圍太小，以至於地區菁英有很大的活動自由，甚至挑戰中央權威的可能。而行政權的基礎，表現爲國家對人民社會生活的監控能力，以及暴力工具的控制。

監控活動的要角是書寫文字，因此不僅是現代國家，就連非現代國家的興起也仍然伴隨著書寫的發展（*ibid.*, 41）。在傳統國家，有書寫能力的人只佔人口比例的極小部分，這意謂著公務員的來源大有問題[30]，但事實上政府是否有能力供養大批的公務員也是疑問，因此傳統國家維持中央行政統治的最大憑藉是對暴力工具的支配。同樣再舉歐洲的封建社會爲例，透過對個人效忠的軍事體系，國王只能召集效忠於他的騎士。國王之所以爲國王，通常因爲他是一個收編最多封臣的領主（布洛赫 242），名義上可以號令國境內的所有封建領主，但實力足夠的封地貴族仍可以按自己的意願行事。從一份誓詞可以看到當時王權並無任何崇高之處：「我們（和你們一樣好）向你（不見得比我們更好）宣誓，接受你做爲我們的國王和最高領主，只要你遵守我們的權利和法律；否則，我們也不（接受……）。」當時法蘭西更流行一句話：「我附庸的附庸不是我的附庸」（*Vassalus vassali mei non est meus vassalus*, 王任光 200-201），意謂領主只能控制他下一層的封臣，再分封的封臣便無能爲力[31]。暴力工具的支配權分散，使得傳統國家的社會治安相當惡劣：不僅盜賊出沒，身分高貴的騎士日常行徑也和盜匪差不多，有時佔領隘口道路，攔路搶劫商旅、朝聖者，因爲當時並不認爲搶劫有什麼罪[32]。

於是傳統國家便在國境內同時存在數個大小不一的權力核心，彼此合縱連橫，互相攻伐。軍隊不只對抗外敵，也要弭平層出不窮的叛亂。農民暴動是有的，但那不是階級衝突的形式。紀登士的解釋爲，階級分化社會的農業生產以及每日的勞作很少受到國家干預，本質上是自主的，城市才是階級鬥爭的競技場：治理階級（ruling class）之間或者治理者和窮人之間的鬥爭（Giddens, 1985: 64-64）。**表 3-2** 是紀登士自己對階級分化社會與資本主義社會所做的區分。

另外他也論及了意識形態的問題，他認爲在傳統國家，難有稱得上是現代意識形態的東西，宗教勉強算是一種控制心靈的工具，不過卻沒有進行系統整合的功用。一般來說，臣屬階級由於具有高度的生活自主，故宗教（或國

表 3-2　階級分化社會與資本主義社會

階級分化社會（所有類型）	資本主義社會（如現代西方國家）
1. 治理階級（Ruling class）	統治階級（Governing class）
2. 缺乏階級衝突	內生的階級衝突（Endemic class conflict）
3.政治與經濟生活的斷絕（Severance of political and economic life）	政經領域的分離（Separation of political and economic spheres）
4.財產的可轉移力程度低	財產可當作資本自由轉移
5.沒有勞動市場	勞動市場支配職業的分配
6.制裁：暴力工具的控制	制裁：就業的經濟必要性

資料來源：Giddens 1985: 64.

家宗教）通常只在上層社會、國家機構、軍隊中凝聚政治菁英（治理階級）的共識（*ibid*., 71-78）。麥可・曼在其一九八六年出版的著作《社會權利的來源》第一卷也處理了這個問題，而且他舉出了兩個實例：美索不達米亞和羅馬帝國，他的說明恰可當作紀登士論點的補充，不過紀登士的論點偏向麥可・曼對美索不達米亞宗教的解釋，卻不能完整地說明基督教在羅馬帝國內的作用[33]。

最後他舉出了四種非現代化的國家體系，不過沒有太多的重要性，旨在說明傳統的國家之間，並沒有可稱之爲國際關係的連結存在：因爲沒有國際間認可的權利或法律基礎（ibid., 79-82）。

專制國家

在傳統國家和民族國家之間有一個過渡形式：專制國家（absolutist state），但專制國家尚屬於傳統國家。紀登士如此劃分的原因是，專制國家仍然處於階級分化社會的結構原則中（*ibid.*, 93）。

專制國家時期，特別值得注意的是，政府先是從指一個擁有主權的人（sovereign）到代表一個非個人的組織實體—主權（sovereignty）。這樣的政府組織也從三個方面發展：行政權的中央化（centralisation）與擴張、新法律機制（mechanism）的發展、財政管理方式的變化（*ibid.*, 93-95）。

第一點他舉路易十四（Louis XIV, 在位1661-1715）的朝廷爲例：路易十四的朝廷並不完全是王室的家計單位，國王還找了一些他信任的顯貴、參贊大臣組成國務會議討論國家（不只是王室）大政，他們的職位都是付薪水的（*ibid.*）。

其次爲新的法律體系，此處應是指專制國家內部法律制度的統一。舉歐洲的封建社會爲例，司法權呈現高度的分裂，領主在自己的封地內對訴訟事件有司法管轄權[34]。但到了專制國家時期，國王逐漸統一了境內的司法權，建立單一的法律體系，這個法律體系扮演了三個角色：(1)法規適用於每一個人[35]；(2)羅馬法復興，將私人財產由公共領域分開；(3)國家決定何謂犯罪行爲（在過去是由風俗習慣所決定）以及犯罪的處罰（*ibid.*, 98-101）。

第三點則爲財政稅收的增加，這是專制國家維續的重要支柱，但也是因爲軍費支出大幅提高的緣故（*ibid.*, 102），專制國家基本上是一部戰爭機器[36]。軍費支出不僅鞏固歐洲霸權，也造成政府的破產。例如哈布士堡（Habsburgs）的查理五世（Charles V，在位 1519-1556）在 1552 年的麥次（Metz）之役支出兩百五十萬達卡（ducat），約爲當年美洲正常收入的十倍。繼承他的腓力二世（Philip II，在位 1556-1598）也一併繼承了二千萬達卡的國債。既然日常賦稅收入的大部分只夠用來支付貸款的利息，西班牙王室最後在 1557 年宣佈破產[37]，長久爭戰的另一方法國政府繼之，兩國不得不和談（甘迺迪 60）。**表 3-3** 是英王亨利八世（Henry Ⅷ，在位 1509-1547）的現金財政開支估算，可供參考。

財政制度的變革，還可以從另一個角度來觀察：稅源的變化。比較傳統的王室收入主要部分是王室地產地租和司法收入，從現代的觀點看，前者是「私人」的，後者可劃爲「公共」的。但自關稅，例如英國愛德華一世（Edward I，在位 1272-1307）所創的羊毛出

表 3-3　亨利八世的現金財政開支，1511-1520
（單位：磅）

年　度	總開支	軍費開支	同盟國援助
1511	64157	1509	——
1512	269564	181468	32000（金幣）
1513	699714	632322	14000
1514	155757	92000	——
1515	74006	10000	——
1516	106429	16538	18500
1517	72359	60	13333
1518	50614	200	——
1519	52428	——	——
1520	86020	——	——

說明：表中的數字只是估算，不是精確計算的結果。1512 年亨利八世發動對法戰爭，使得 1513 年的開支是 1511 年的九倍。戰爭增加政府開支的幅度在 1688 年之後有減少的趨勢，不是因爲戰爭激烈程度降低，而是和平時期時的軍費支出上漲，已成了「恆常戰爭狀態的國家」（permanent-war state）。Mann 1986 : 452-453.

資料來源：Mann　1986，中譯本：619。

口稅（和封建諸侯的過路費不同）以及國內貨物稅徵收之後，傳統收入的比重在財政收入中逐漸下降[38]。財政收入增加，似乎也可以補充說明中央行政權力的擴張，但和現代民族國家的行政體系相比，不免又小巫見大巫，因爲此時的稅收仍不能支持太多的國家公務員（Giddens 1985: 103）。

接下來討論的是軍事權力的角色。軍費支出不僅刺激國家財政的需求，也因此促進統一國家的興起。紀登士認爲這是基於三個面向的發展：軍備技術發展、軍隊行政權的加強，以及歐洲海權的發展（*ibid.*, 105）。

第一點的明證，應是指火炮技術的革新。一般都認爲，大炮摧毀了封建諸侯的城牆，於是階級分化社會中，扮演權力容器的城市被國家所取代。但若粗淺地下結論說，大炮的優勢是當時無法克服的，又未免言之過早，甘迺迪的書中指出，城牆要塞防禦技術的改良伴隨火炮技術的精進一起成長（甘迺迪 29）。使城邦封建諸侯不敵國王的原因，是投資在火炮裝備的金額太龐大，只有國家才負擔得起（富勒卷二：72），甚至連國家也因此負債累累。

軍隊組織（行政）的變革也助長了戰費的

增加，原因是為了軍事競爭的需要，常備軍（通常是僱傭兵的形式）也設立。常備軍和封建式軍隊不同的地方在於，常備軍需要進行日常操練以維持戰力。固然封建騎士也要日常操練，但其經濟基礎是佔用土地生產的剩餘，僅能供養少數的菁英份子（包括騎士和他的衛隊）。裝備昂貴[39]，人數眾多的常備軍不僅意味著許多年輕力壯的人不事生產，還要依賴金錢的資助，只靠土地生產是不夠的，以貿易起家的新興階級才是王室最大的財源，提利（Charles Tilly）和麥可・曼在這方面都有很好的說明，尤其提利將民族國家比喻為向人民收取保護費的勒索者，一方面發動戰爭，又以戰爭作威脅，建立國家的外部敵人，凝聚民族共識。麥可・曼則認為愈是擴張稅收來源與範圍，愈是促進了國家內部的一致性。

第三點，「歐洲的海權優勢」可視為軍備技術發展的結果，風帆取代划槳，大炮取代刀劍，從此歐洲擺脫了來自東方（土耳其及回教徒）的威脅[40]，全面向西，征服未開發的新世界。從此歷史就進入了「世界體系」的時代，就某些理論家而言（如華勒斯坦），這實在是資本主義發展不可或缺的要素。

當然這種「軍事革命」[41]帶來的意義，顯現於國家行政（財政）權力的持續增進。另一方面，紀登士也認爲，在專制國家當中，頭一次軍隊不只是以維持社會內部秩序爲主要目的而組織起來。軍隊的槍口向外表示國家內部和平化（internal pacification）大致完成，秩序可交由行政權去管理（Giddens 1985: 113）。很可惜的是，戰爭既然有這麼大的重要性，其形成的因素卻未多加討論，這方面甘迺迪曾提出他的看法（甘迺迪 21-38），但不能保證紀登士會同意[42]。

至於專制國家的空間特性，顯著之處就是其明確劃分領土，例如路易十四提出的「自然邊界」（natural boundaries），這代表主權在確定的範圍內行使（*ibid.*, 90-91）。在傳統國家，縱使是強大的帝國社會，如羅馬帝國，從來也很難去確定疆界，現代民族國家就很不一樣。在現代，愈是兩國鄰接的地帶（甚至是不毛之地），愈容易成爲充滿潛在衝突的根源，但這個特性在專制國家的時代已漸漸顯露出來。

最後，國家內部的衝突，則是國家和不同菁英（封建貴族、城市商人階級）的聯盟與鬥爭。這和馬克思的說法並無太大不同：國王先聯合商人階級打倒封建貴族以及依附在其下的農民階級，接下來又以常備軍（常以土地貴族做爲陸軍軍官的骨幹）壓制以商人階級爲主的議會。

不過縱使現代國家的架構在專制主義時代已大致完備，紀登士仍然認爲二者之間有很大的差距，其原因是民族國家內部的同質性仍是專制國家望塵莫及的。他舉路易十四的法國爲例，當時法國境內的居民幾乎都說同一種語言，但各地仍遵守不同的制度：普羅旺世（Provence）、香檳（Champagne）、諾曼地（Normandy）都各有不同。南方羅馬法佔優勢，其他地方習慣法佔優勢（*ibid.*, 98）。再追究更深一層的原因，就進入現代社會民族國家的構成。

民族國家

現代國家的雛形，例如空間的特性（明確國界），隨時高度戰備的「恆常戰爭狀態國家」，公務員體系的擴張，稅制、司法制度的單一化等，在專制國家時代已有規模。不過這些不足以表露現代社會與傳統社會的斷裂：不只在於程度上的差異（如統治者對臣民的監視範圍與強度都增加），本質上的變化更重要。《批判》書中，紀登士指出，資本主義社會是歷史上頭一次，配置性資源的地位超過權威性資源（見前面階級社會的說明）。只是，紀登士並不想讓這個論點流於經濟決定論（縱使僅在資本主義社會中），他認爲現代社會是資本主義、工業主義、民族國家體系三者交錯構成的（*ibid.*, 4-5）。

爲什麼要區分資本主義和工業主義？甚至某些理論視二者爲同義詞，只是使用上各有不同的偏好[43]。紀登士他中和了馬克思的商品化生產（包含勞動商品化）和韋伯的追求利潤觀點，將資本主義視爲一種經濟企業的形式，且源自於四百年以來的歐洲歷史（*ibid.*, 133）。相對來說，工業主義則有如下的特質：第一，再生產或商品流通的過程中，使用無生命的物質資源。第二，生產以及其他經濟過程的機械化。第三，工業主義指廣泛的製造生產（製造是結合上述第一與第二項的過程）。第四，有集中的工作場所[44]（*ibid.*, 138-139）。因此「工業主義」一詞偏向於生產技術的革新，紀登士偏好使用「資本主義社會」一詞，因爲資本主義有擴張性再生產的特性：將資本投入商品生產，送往市場販賣獲得利潤，假如這個過程是穩定可預期的，投資有回報，資本家會願意投入更多資本重複這一過程。恰好機器生產可降低成本，提高利潤，二者（資本主義與工業主義）因此就有了「選擇性的親近」（elective affinities, *ibid.*, 142）。在《民族國家與暴力》對資本主義或工業主義的獨立討論僅有第五章，其後的部分，二者都要和民族國家牽扯在一起。固然資本主義社會的特性之一是政、經制度的區隔，但紀登士和現今大多數人的觀點相同：資本主義發展的歷史過程，和民族國家絕對脫離不了關係。

所謂的民族、民族國家如何界定？紀登士將民族（nation）定義為：「存在於劃定領土內的群體（collectivity），臣屬於統一的行政管理，由國家的機構以及其他國家進行反省性監視」（*ibid.*, 116）。民族國家因此有三個特性：第一，存在於一群民族國家叢集之中。第二，在有邊界（國界）的領土內，一套統治制度維持行政壟斷。第三，它的統治是藉由法律的制裁，以及直接控制對內與對外的暴力工具而達成（*ibid.*, 121）。

接下來討論資本主義和民族國家的結合。紀登士認為，這個現象表現在資本企業早期土地和產品的商品化，商品化的基礎則為契約的保障和貨幣系統的調和，以及中央化的稅收系統（*ibid.*, 148）。

在過去，違反契約的話，可能必須要由立約的另一方處罰違約的一方，中央權威並不介入。在專制主義的時代，法律體系的統一使得契約可在國家的保護下訂立，也就是說，有更強大的制裁方式以保障契約履行，所以，自由契約實際上也強化了私有財產制（*ibid*., 149-152）。

貨幣是商品化的重要媒介，但貨幣的信用從何而來？從貨幣史中，我們可以發現，貨幣不一定要透過國家來發行[45]。但要使一種貨幣更能流通，則發行人的財力愈雄厚愈好，實力逐漸強大的專制國家恰好幫助銀行家扮演這個角色（而最後國家則自己壟斷了貨幣發行權）[46]。當然十六、十七世紀以來，貨幣的盛行不只是貨幣的信用提高，還有部務其他的因素，例如美洲貴金屬的流入、政府爲進行戰爭而大量舉債，都促進了貨幣的使用（*ibid*., 153-156）。

另外一個因素使得商品化發展更鞏固：中央化的稅收制度。由於徵稅，人民和行政管理的活動愈有關聯。至於中央化的行政管理能夠進步並逐漸強化，和監控能力的提升相關。徵稅用貨幣給付，帶來了一個效果：打擊土地貴族的特權。因為處於封建制度下的生產關係，佃農多是繳實物租，中央政府徵收貨幣，處理財產的運用能力（稱為財產的可轉移力）也提高，對於權力的集中有幫助（*ibid.*, 157-158）。

至於勞動商品化的機制除了上述三個因素之外，關鍵性的轉換則是依賴民族國家的形成[47]（*ibid.*, 148）。紀登士將此和「世界體系」（world system）連上了關係，意味著資本主義（和民族國家）無法單獨放在歐洲社會歷史的脈絡中去解釋。在資本主義社會，有二個階級支配的軸：薪資勞動／資本（wage-labour and capital），以及國際勞動分工（international division of labour, *ibid.*, 165）。所以基本上，紀登士大致採用華勒斯坦（Immanuel Wallerstein）的說法。但順著紀登士本人對於兩種資源的區分，兩個不能互相化約的體系就產生了：世界經濟體系（這是華勒斯坦涵蓋一切的資本主義世界體系）和民族國家全球體系（the global system of nation-states），二者無法互相化約[48]（*ibid.*, 169）。他認爲民族國家及其軍事影響力在世界體系形塑的過程中，是無法磨滅的。但由於劃分權力資源是方法論上的議定，故其實一個體系或兩個體系通常就是無解的問題（見下一章，賴特的觀點）。

接下來討論國家行政權力的擴張。 民族國家行政權力的擴張表現在兩方面（事實上這兩個因素和行政權的擴張互爲因果），其一爲聯絡與訊息儲存技術的進步 ，其二爲內部和平化帶來的意義（*ibid.*, 172-192）。

前者在本章的前兩節都曾說明，在此值得一提的是提昇監控技術的發明，在此時期最具特色的是運輸機械化（鐵路、汽船）縮短了空間的距離，也節省了時間，紀登士用「時空湊合」（time-space convergence）來稱呼；電子媒體的發明（電話、電報）將聯絡和運輸分開

[49]；最後是國家進行的文書活動：官方統計資料（*ibid.*, 172-173），反省監視系統全面性地深入社會每個層面，從此不再有獨立的民間社會。

內部和平化的解釋多半借用傅柯的觀點，即規訓權力（disciplinary power）如何篩選偏差份子，如何將社會危險份子隔離。紀登士的說明並無新奇之處，重要的是內部和平化幾個現象代表的意義（*ibid.*, 187-192）：

(1)暴力形式（如公開處刑）的懲罰消失，代之以法律體系[50]。
(2)暴力及使用暴力工具能力，都自勞動契約根除（紀登士認爲這是政經分離的主要特色，*ibid.*, 190-191）。
(3)軍隊不直接參與國內事務，即槍口向外，社會內暴力的壓制則依賴所謂「警察」（或治安，policing）活動。

民族國家內部和傳統國家相比，很大程度上是和平的多，在對外暴力的使用上，此一時期的顯著特徵是「戰爭工業化」（industrialisation of war），這個工業化本身也被吸納到資本主義的生產體系之內。

戰爭工業化[51]的實質內涵有兩方面：軍備生產和新式的紀律與訓練。軍備工業不只是讓武器的殺傷力增加，還和「時空湊合」有關，例如電報和鐵路改變了戰爭的形態。從專制主義時期開始，軍隊規模就一直不斷膨脹，至一七九三年法國實施全國皆兵後，一七九四年法國有八十萬大軍，早已超過了一個人可以完全掌握的程度。相對來說，一五二九年以前，法國和西班牙在義大利的爭霸，任何一方都沒有超過三萬以上的兵力（甘迺迪 58）。一〇六六年征服者威廉（William the Conqueror，英格蘭王，在位 1066-1087）率軍渡海的總人數估計爲七千至八千，他的對手哈羅德（Harold）兵力估計不超過五千人；百年戰爭時期英法雙方兵力規模只在一萬上下（以上見富勒 卷一：第 13 章與第 16 章）。現代沒有無線電報，大軍就難以協調作戰。而直到鐵路發明後，因爲可迅速調動以及補給軍隊，全國皆兵的理論才真正實現，普魯士有了鐵路系統，才從東西兩面受敵的窘境下解脫。

所謂新式的軍隊紀律與訓練指的是兵役制度的革新（徵兵），由義務役的軍隊取代傭兵（不過到一次大戰之後，貴族在軍隊中的重要性才下降）。乍看之下，人民負擔軍事義務又是國家剝削的一種手段，但紀登士把這個問題和公民權（citizenship）的發展連在一起：民族國家的國民用軍事義務交換公民權（*ibid.*, 233）。由於民族國家的內部和平化已大致完成，政權面對的挑戰主要來自外部，在國家內部採取妥協的立場使公民願意負擔軍事義務。

妥協表現在三個主軸：自由權（法律權）、政治權、經濟權。紀氏借用馬歇爾（Thomas H. Marshall 1873-1982）的公民權分類，但他是用國家的行政權擴張—監控—來說明。在紀氏的眼中，國家對人民的監控不是單方面的支配活動，因爲行政權在動員社會資源的過程中，增加了統治者與被統治者的互動

[52]，下層就更有可能影響上層（*ibid.*, 201）。多元政治（polyarchy）的社會結構因此圍繞著三個控制辯證的軸運作（*ibid.*, 206）：

市民權 (civil rights)	治安監控(surveillance as policing)
政治權 (political rights)	國家行政權力的反省性監視 (surveillance as reflexive monitoring of state administrative power)
經濟權 (economic rights)	生產管理的監控(surveillance as management of production)

鬥爭的競技場則分別爲法庭、議會、工作場所，而其中階級支配是最重要的制度軸（*ibid.*, 209）。

在現代民族國家中，不可忽略的一環是民族主義（nationalism），但紀登士的討論有粗略之嫌。因爲他將民族主義定義爲：「一種心理現象，一群人融合在一套強調社會性的象徵與信仰之中」（*ibid*., 116）。但這一切並沒有解釋得很詳細，他只是用幾個人的理論來歸納這些特徵（如 Nairn， Gellner， Deutsch）。他強調的是民族主義（或意識形態）提供了哪些社會實踐的心理動力，也就是民族主義在現代國家扮演哪些角色。他認爲民族主義有如下的特徵：

(1)政治上的特徵—伴隨民族國家。
(2)與工業資本主義的關係—階級支配。
(3)可能的心理動力是情感的態度而非制度的實踐。
(4)有特別的符號（象徵）內容。

見諸《批判》一書，紀登士並未給予民族主義太多篇幅，似乎他直接將民族主義當作政治性的議題[53]。譬如他提到，比較早有固定首都的國家，相對上也較早有初期民族情感的形式，例如將法國、英國拿來和神聖羅馬帝國對照[54]（*ibid*., 117-118）。他還借用巴洛（G. W. S. Barrow）的話：「民族情感不是由種族或語言社群而來，而是由於國家動員來對抗共同的敵人」（*ibid.*）。

因爲民族主義具有上述的四項特徵，故紀登士論證它的兩面性（Janus-faced）：對外產生民族的侵略性，對內則是民主觀念的啓蒙（*ibid.*, 218）。

另外還有一個頗富趣味的論點，就是民族主義作爲象徵體系，取代了「傳統」的地位。原本「傳統」含有很深的道德意涵，但民族主義則代之以「歷史任務」這遠離逐日社會生活（day-to-day social life）的意義體系，故傳統社會生活的本體論安全崩潰了。民族國家在歷史上頭一次成爲一個「概念上的社群」（conceptual community），這種「對象認同」（或客體認同，object-identification）的退化，導致個體的高度焦慮，最後和我們熟知的「領袖崇拜」（leader-figures）扯上了關係（*ibid.*, 218-219）。

五、現代社會、現代性

在這裏的敘述可視爲「階級社會」與「民族國家」兩部分的綜合，之前偏重於變遷的過程，在此則討論其對社會生活造成的影響。紀登士的現代社會模型有四個制度叢結，稱爲「現代性的制度面向」（圖 **3-6**）。換言之，

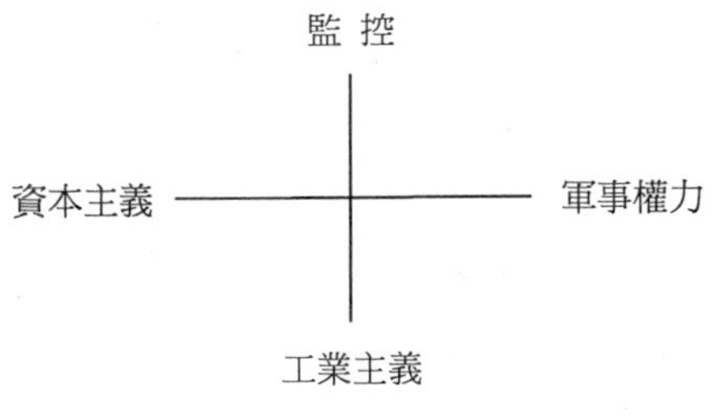

圖3-6　現代性的制度面向
資料來源：Giddens 1990b : 59.

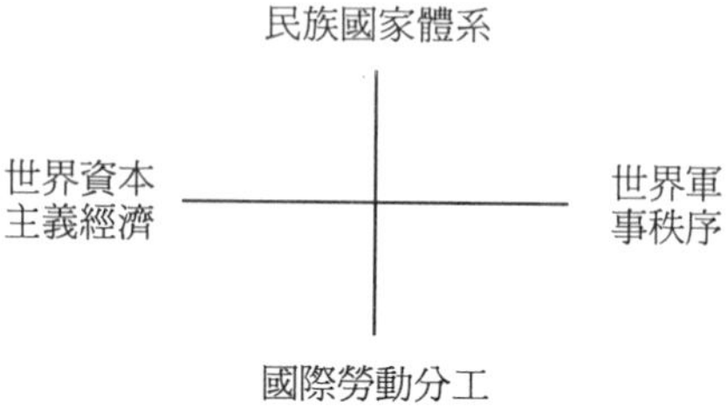

圖3-7　全球化的面向

資料來源：Giddens 1990b : 71.

他挑戰了社會學長久以來，將現代社會的變革歸源於單一面向的傳統[55]。此一現代性的制度叢固然發源於歐洲，但它的一大特徵，便是將世界的其他部分均納入了其體系當中，稱之爲「全球化」（globlisation），四個制度叢的全球化結果，則如圖 **3-7**。

此現代性的變遷動力，又有三個來源（Giddens 1990b: 53）：時空分離（the separation of time and space）、失本機制的發展（the development of disembedding mechanisms）、知識的反省性佔用（the reflexive appropriation of knowledge）。

造成時空分離的直接因素，是精確時鐘的發明，從此事件不再是「此時此地」，因爲可以精確測量時間，我們就能設想不同時間，不同地點，會發生什麼事情（例如火車班次的時刻表），它們可以做不同的組合。可以只單純測量時間，謂之「時間的空洞化」（the emptying of time, *ibid.*, 18），隨之將空間也空洞化了。時空分離對現代性造成了什麼影響？第一，它是失本過程的先決條件。第二，它是現代社會生活的運行機制：地方性的事件有可能成爲全球都關注的焦點，因爲地方性事件說不定會改變幾百萬人的生活（如核電廠事故）。第三，幫助我們將行動和經驗投向未來。在前現代的社會，未來主要是由「過去」（歷史）所塑造的，現代社會則獲得了另一個驅力：任意組合的時空關係（*ibid.*, 18-21）。

其次，事件可脫離時空脈絡而爲人所認知，稱之爲「失本」（disembedding），意謂著人可以和他自己不同時空脈絡所發生的事件進行互動[56]。顯著之例是貨幣體系：只要持有貨幣，隨時隨地都可使用它（當然這是指流通的貨幣），使用的方式也不僅只於交換商品，它將交換活動跨過時間（延緩給付），故紀登士將貨幣稱爲「時空距離化的工具」（*ibid.*, 21-24）。但是，跨越遠距離的時空進行互動，其複雜性遠超過一個人所能精通的全部知識，我們若要確保行動的預期結果，或維持日常的互動，必須得信任（trust）各式各樣的知識，這些知識並非來自於我們個人的研究，而是由不同的專家體系（expert systems）提供。象徵性兌換券（symbolic tokens，以貨幣爲代表）與專家體系是所謂「失本」的兩大機制，也可稱之爲「抽象體系」（abstract systems）。

此外，現代社會不只提供便利、舒適、充裕的生活，本質上也包含了令人擔憂的成分。例如工業生產的後果，便是自然環境的危害，軍事工業化導致核子衝突的陰影，資本主義經濟有經濟衰退的威脅，國家的監控活動則提供了極權勢力興起的可能，這都是現代人所要面臨的風險（risks，請參考 Giddens 1990b: 171, 圖七）。

同時，信任關係並不是非常穩固的，不安的根源部分則來自現代性的第三個變遷動力：現代性的反省性（或反思，reflexivity）。反省固然是人類所有行動的基礎，但現代社會尤其受到科學知識之反省活動的結果，既有知識根基並非永恆不變，反而沒有一樣是毫無疑問的（*ibid.*, 39）。紀登士認爲這是因爲啓蒙思想以個人的理性取代神聖法（divine law），於是任何事物都可加以懷疑。回過頭來，人們組織日常生活愈來愈受專家意見的影響，由專家意見規劃生活的策略，這不禁使現代人的信任關係陷於焦慮，因爲專家意見是零碎的，或不一致，甚至前後矛盾的（*ibid.*, 36-45; 144-149）。

信任關係的重組，在紀登士的現代性分析佔有非常重要的地位。他的論證引用相當多郭富曼的研究，例如日常生活中和陌生人、交淺者、熟識者如何進行慣常互動，尤其將不認識的陌生人當成「無敵意」的對象，是和生活在傳統地區社群的人截然不同的信任關係（*ibid.*, 79-83）。除此之外，紀登士還進入了親密關係（intimacy）的領域中，闡述現代人信任關係重組的焦慮。這些都可以和人類最深層的行動動力—本體論安全連結起來，事實上，紀登士也不厭其煩詳述這方面的心理學研究成果（*ibid.*, 92-100）。筆者認爲，紀登士的現代性分析由結構的層面進入個人的層面，可以說將他自己的理論發揮得很有特色，當然行動者是否發揮了積極創造的一面，尙待評論。因爲在紀氏筆下的現代人，仍飽受高代價風險的威脅與自我認同焦慮[57]（信任關係重組）的困擾，紀登士呼籲採用一種「烏托邦的現實主義」（utopian realism）來駕馭現代性這隻巨怪[58]。

在下一章對紀登士的批判要點，則沒有包含這裏的內容，其理由爲：第一，雖然有脈絡可循，但《現代性的後果》（Giddens 1990b）和《唯物史觀的當代批判》不同屬於一個寫作架構，某些主題必須另尋論證的來源 。第二，本研究關注於「社會轉型」的問題，對紀登士而言，上一個社會轉型發生在幾個世紀以前，下一個社會轉型（後現代社會）則尚未到來（Giddens 1990b: 149；黃瑞祺 1997：301-303；洪鎌德 1997b: 141-142），對其結構原則也屬未知。同時，在《現代性的後果》一書當中，階級問題似乎已歸於無形[60]，顯出紀登士著作內容的焦點不斷轉移，也更加深了綜合討論的困難。

註　釋

[1]雖然理論中的許多術語是曖昧而模糊的，結構原則一詞本身就是。

[2]第一卷和第二卷主題的不同，有人因此認為這是紀氏理論的矛盾，理由見後述。

[3]例如擁有生產工具可增進生產能力，代表控制配置性資源的幅度增加。

[4]紀登士也說，透過支配結構的再生產，權力因此產生，且在其中產生（Giddens 1981: 91-92）。社會變遷因此也離不開權力結構的變化，因為權力消長意謂著時—空距離化的消長。*ibid.*, 95.

[5] D(authoritative)=政治制度，D(allocative)=經濟制度，L=法律制度，S=象徵規則。

[6]筆者先前曾認為團體制裁是權力結構（洪鎌德、胡正光 2267），但現在要修正這個看法。

[7]紀登士認為部落社會的制裁可能是出於暴力的使用或暴力的威脅，但他也認為無法區分政治的或法律的制裁。Giddens 1981: 161.

[8]紀登士在 1981 年的書中稱為「社會界的整合」（societal integration），包含社會整合（social integration）與系統整合（system integration）。二者的定義見第二章節，但簡單而言，前者指面對面互動，後者指非面對面的互動。Giddens 1981: 29.

[9]非面對面互動的實例，如書信往返、電話、電報連繫。

[10]可呈現性的概念，借用郭富曼（E. Goffman）的理論，指面對面互動可依循人的臉部表情、肢體語言、字彙風格作意義溝通。*ibid.*, 161.

[11]但其所引伸的含義是否和我們的認知相同，則因無原文佐證，故不得而知。

[12]二者都是可反轉的時間，唯有個人的生命時間（life span of the individual）不可反轉。

[13]監控在階級分化社會仍有其必要的功用，例如監視有反叛傾向的武裝團體，預先加以防範。因為在階級分化社會，中央權力常遭到類似團體的挑戰，例如在布洛赫（Marc Bloch 1886-1944）的作品中，提到「封臣不服從國王，向國王開戰或進行羞辱，甚至加以囚禁的事例很多」（布洛赫 557），「一名反叛的小伯爵固守在自己的據點裡居然把亨利二世（Heinrich II，在位 1002-1024）扣押了三個月，當時的習慣法還准許一個忠誠於其領主的封臣可以因獻身於他主人的事業而合法地向國王挑戰」（*ibid.*, 592），可見封建王權並非絕對的，不可挑戰的。

[14]定居式農業的出現，稱為新石器革命（neolithic revolution）。

[15]構成帝國社會系統整合的三個因素分別是，以軍隊為基礎的鎮壓性制裁（coercive sanctions）、統治菁英的權威正當性、互賴經濟紐帶的形成。Giddens 1981: 103.

[16]馬克思因此對亞洲社會有無階級採取了保留的態度。*ibid.*, 107.

[17]封建社會流行將人分為三類：祈禱的人、作戰的人、勞作的人，且第二類人遠比第三類人高尚（布洛赫 424）。勞作的人不只是農人，還包括工匠、自由民，他們也都可能獲得土地。

[18]這樣的主張因此受到學者的質疑，因為貿易活動自遠古以來就一直很熱絡地進行著，見下一章〈對紀登士的批判〉。

[19]現代的精密時鐘原為遠洋航海所需，英國工匠哈里遜

（John Harrison 1693-1776）造出了在海上使用時，五個月誤差不超過一分鐘的精密時鐘，大小如懷錶，見平田寬（下） 106。

[20]在階級分化社會（如封建社會），並非完全不想確定準確的時刻，而是技術上很難做到。例如在布洛赫的作品中，舉了一個訴訟案例為證：根據慣例，九點是等待開庭截止的時間，但答辯的一方始終未到，法官們為了確認時間已過，只好討論之後召集教士詢問，然後宣佈時限已過，見布洛赫 113-114.

[21]摩爾（Barrington Moore, Jr）的研究很支持這一點。

[22]1849 年廢除穀物法（Corn Law）之後，英國才有眞正的自由貿易。

[23]例如日耳曼各邦關稅同盟和所謂「鋼鐵與黑麥的聯盟」。

[24]紀登士把這時期的剝削者頭銜歸到國家代理人（或政治菁英）身上，因他們擁有暴力工具，得以確保臣屬階級服從（*ibid.*, 179）。

[25]見布勞岱 30.

[26]紀登士未詳加解釋，一般認為和軍事技術的變遷有關，如大砲的改良降低城牆的作用與軍隊火力提昇造成軍備費用的高昂，城市難以負擔。

[27]紀登士同樣未詳述原因。

[28]現代社會即民族國家社會。Giddens 1985: 1.

[29]紀登士也承認偶有例外，如某些文明建築的長城。

[30]若在歐洲的封建社會，受到文字訓練的人大半來自教會，更對王權形成一大掣肘。

[31]但諾曼地和屬於封建制度移植地區的英格蘭，國王有比較大的權力，可以命令領土內的所有騎士（王任光 200），詳細的說明可見布洛赫的作品。

[32]見布洛赫 第 22 章。

[33]請參照麥可・曼 1986: 第五章與第十章。

[34]見布洛赫 第 27 章。

[35]路易十四曾在伏戎特之亂（The Fronde, 1648-1653）之後嚴厲地懲罰叛變貴族，和封建時代的諸多容忍不同。王曾才 167-168。

[36]近代西方國家強權與軍備革命的關聯，可參考甘迺迪《霸權興衰史》第二章。

[37]腓力二世僅在 1556 年至 1573 年就增稅百分之百，1598 年他去世時，債務高達一億達卡，僅利息的支出就相當於全部歲入的三分之二。甘迺迪 60-61。

[38]Michael Mann 1986: Chap. 13.

[39]封建社會也徵召民眾，但裝備必須自己負責，因此常簡陋不堪，查理曼（Charlemagne，在位 768-814）曾下令禁止只帶一根棍棒參軍（布洛赫 234），專制國家的常備軍則由政府提供裝備。

[40]此以 1571 年的李班多（Lepanto）海戰為代表性事件。富勒 卷一: 第 20 章。

[41]「軍事革命」通常指 1520 年代之後 150 年間戰爭的規模、費用和組織編制的急遽增加。甘迺迪 57。

[42]甘迺迪將戰爭的成因歸於歐洲權力的多元性，而權力的多元性又歸於天然因素（地理、氣候、產業）的形塑，以及權力平衡的努力。

[43]紀登士認為馬克思主義者愛用「資本主義社會」，非馬克思主義者愛用「工業社會」。Giddens 1985: 121.

[44]紀登士分析了為何在階級分化社會沒有出現工廠的原因，見 Giddens 1985: 144.

[45]請參考加爾布雷斯，第六章。

[46]通貨信用程度的提高，紀登士舉紙鈔為例。紙鈔不僅超越了商品貨幣，還擴張了資本企業的時空距離化程度，因為它是一種「延緩給付」的機制。Giddens 1985: 156.

[47]前面三個因素則屬於專制國家的特色。

[48]紀登士批評華勒斯坦不重視勞動力商品化的意義，也把國家當作歷史的殘餘（residue），因此有功能論和經濟化約論的色彩（Giddens 1985: 167-168）。關於前者，華勒斯坦承認他沒有關注這個議題，但並非他認定勞動關係不重要。關於後者，華勒斯坦的立場是單一邏輯（經濟），故他對於來自多面邏輯立場（如國際體系和資本主義體系）的批評不予理會。見柯志明 107; 112，以及 Christopher Chase-Dunn。

[49]聯絡（溝通）和運輸分開，代表性的特色是專業郵局的出現。在古代信件傳遞必須借重長途運輸。*ibid.*, 176-178.

[50]傅柯的觀點認為，專制王權時代的公開處刑代表背叛國王的懲罰，但後來的發展傾向於訂出罪行的罰則，理由是危害社會而加以定罪，非觸犯國王。

[51]紀登士認為戰爭工業化是由「十八世紀或稍晚」開始，在二十世紀達於頂點。*ibid.*, 223.

[52]紀登士稱之為「控制的辯證」（dialectic of control），指被支配者應付支配者的逃避策略，以及支配者控制策略二者的辯證關係。Giddens, 1985: 10-11.

[53]「因為民族主義一向就和行政的自主相連，所以所有的民族主義運動都必然是政治的」。*ibid.*, 220.

[54]沒有固定首都，很明顯的是因為行政權力的低落。布洛赫告訴我們，封建國王要從宮中統治國家是不可能的（因為盜賊橫行），國王必須不斷巡視他的莊園（領土），不只是維持權威的需要，還為了要消耗這些莊園的農產品。見布洛赫 97-98。

[55]例如馬克思將之歸於資本主義，涂爾幹（Emile Durkheim 1858-1917）則偏好工業主義（Giddens 1990b：11-12），二者皆有後繼者。

[56]任何社會因分工的緣故，每個人都和別人在不同時空

脈絡的行動產生關聯。但現代人則必須藉此對未來做清楚的計算思考，例如投資活動。相較起來，前現代社會之中的人對於其他人的日常活動可以瞭解、認知，但範圍則小得多，同時他人對自己生活的影響層面並不高。

[57]自我認同根植於某一時空組織中，例如在傳統社會，一般是「社群認同」。但時空距離化程度提高，舊社群關係因此解組，現代人必須重新建立歸屬團體的認同感。

[58]紀登士用印度神話的人物「加格諾」（Juggernaut）指稱現代性。加格諾為毘濕奴神（Vishnu，或譯「妙毘天」）第八化身「克里須那」（Krishna，或譯為「黑天」）的神像。每年例節用車載此神像遊街，相傳若能給車輪碾死者即可升天。引伸為迫人盲目崇信或做可怕犧牲的權威、制度等。

[59]貨幣和專家體系可在《民族國家與暴力》的內容中找到蹤影，但《現代性的後果》書中則深化了二者的意涵，中間有段差距。

[60]主要因紀登士相信，現代性的課題乃西方社會所主導，故西方社會既已脫離階級鬥爭時代，階級問題也不再具有代表性。

第四章
對紀登士的批判

紀登士身為八〇年代以來社會學界的明星，著作一出，必能吸引眾多讀者。然而，《唯物史觀的當代批判》兩卷在眾學者的檢視之下，可謂貶多於褒。到底為何原因？現將眾家學說的批判做一整理，依照整體架構、方法論、議題缺失、概念不明、理論的內在矛盾以及其他方面等，來做說明，並且尚有對他的正面評價，俾使讀者更進一步瞭解紀登士理論的缺陷。

一、整體的批判

就讀過《唯物史觀的當代批判》的人而言，作為一個解釋歐洲社會變遷全貌的理論，紀登士這二本著作仍然是太抽象了，很少引用實際的例子來說明，此點引起了不少人的批評。例如薩耶（Derek Sayer）就批評為「全然的抽象化」（Sayer 244）。蕭氏（Martin

Shaw）直言紀登士的困難在於「一般性的概念層次太高，不能解釋國家與社會間不同階級與形式之間的關係」（Shaw 145）。傑利（David Jary）則說在《批判》二書中，紀登士表現的是結構—行動理論的一般原則，而非任何命題更嚴格的檢測（Jary 143）。相對而言，稍晚於紀登士出版有關歷史社會學大作的麥可・曼（Michael Mann）則受到了更好的評價[1]（Jessop, Jary）。與太過抽象化相關的批評，則是認爲紀登士對史料的鑽研不夠（Jary 151）。薩耶在不滿之餘，曾嚴厲的說：「一個人必須把手弄髒才行」（One has to get one's hands dirty.）（Sayer 246）。

其次，認爲紀登士的理論無特出之處的也有。傑索普（Bob Jessop）認爲紀登士論新資本主義和國家的觀點，和流行的「正統的共識」只有稍許不同（Jessop 103）。傑利評論紀登士的成就「只能視爲已建立的比較歷史社會學的廣泛改革之一部份，離可接受的理論基礎或歷史變遷本質還很遠」（Jary 117）。

「紀登士許多的系統陳述不過是已被政治學、國際關係、社會學所接受的一些原則的鬆散綜合」（*ibid.*, 138）。到底爲什麼原因造成上述二點的批評？筆者現在將進行這個問題的探討。

在《權力、財產與國家》書中，紀登士曾宣稱要「採用大量人類學、考古學和地理學的新發現，探討馬克思所不知的社會，不再只由歐洲中心的觀點，排除西方優越的態度」（Giddens 1981: 3）。從某些地方來看，他的確做到了。例如他應用新的人類學發現，證明採集、狩獵社會其實生活悠閒，但這一類的社會並不見得想去增加剩餘生產，以進化到下一個階段的社會形態。再如他用李齊（Edmund Leach）在錫蘭的考古研究成果，粉碎馬克思的亞細亞生產方式國家模型，因爲興建大規模水利工程不必然需要一個中央集權的政府（*ibid.*, 86-87）。在第二卷中，他採用考古學家在蘇美（Sumer）城邦的挖掘成果，證明最早的文字形式不符李柯（Paul Ricoeur）的

「文本」（text）概念（Giddens 1985: 41-45），這是他引用經驗證據最成功的地方。回到歐洲社會的歷史，就再找不到什麼突出的經驗事實，尤其甚少引證羅馬帝國的實例。似乎他把一般所認知的歐洲歷史都視爲理所當然，用他自己的觀點加以解釋。故筆者認爲，傑利的批評倒是相當中肯，只要唸過中學歷史的人，都不會覺得紀登士的敘述和他們的認知有太大差距（尤其是第二卷的內容）。

二、方法論的批評

賴特的批評

根據紀登士對唯物史觀的批判（見第二章），賴特展開他的反駁。首先是功能解釋的問題。紀登士認爲：第一，功能論忽略個人作爲實踐主體的創造性。其次，將社會現象解釋爲「系統的需求」，實則什麼也沒解釋，倒果爲因或倒因爲果皆可，故功能論只能描述社會現象。賴特基本上承認馬克思主義者有功能論傾向，但功能解釋並非一無可取，反而紀登士誤導了問題（Wright 79）。

其一，紀登士說馬克思主義者忽略檢討功能論的解釋力問題，事實並非如此，至少結構馬克思主義一派就一直圍繞在這個問題上，甚至是紀登士本人忽略了某些對唯物史觀之功能解釋辯護的證據[2]（*ibid*）。

其二，功能論完全不能解釋社會現象。此點賴特也不同意，他認爲功能解釋並非完整的解釋，故作爲片面的解釋並無不妥（*ibid*., 80）。他舉種族主義（racism）爲例：種族主義妨礙了勞動階級的團結，所以就有利於資本主義體系，這是一個功能解釋，但也是個不完整的解釋，因爲某個功能有好處，並不能保證系統就要生產這個功能。同樣地，若種族主義對資本主義體系沒有好處，或許種族主義因此就很容易消失（卻也不必然要消失）。種族主義有正面功能，部分地解釋了它何以持續存在於資本主義體系內。不過賴特猜想，紀登士會將種族主義持續的理由，歸於既得利益者（資產階級）有意的支持，如此一來，可將此現象解釋爲社會行動者有意識與採取策略行動的結果。但反過來，資產階級產生支持種族主義的意識，不正是因爲種族主義對資本主義體系有好處嗎（*ibid.*）？

至於用生產方式替社會形式作分類，紀登士批評那樣就落入了階級與經濟的化約論。賴特將紀登士的批評稱爲社會形式間的階級化約論（intersocietal class reductionism—經濟化約論）與社會內階級化約論（intrasocietal class reductionism—階級化約論）的錯誤。

首先，是不同社會形式間的階級化約論，據紀登士的看法，階級和經濟之重要性在資本主義是特別突出的（因爲配置性資源特別重要），在階級分化社會則否，問題在於，爲何如此？賴特看來，因爲紀登士特別強調了資本主義與非資本主義社會二者之間經濟結構的差異。當他強調資本主義發源的非經濟因素時，他也強調資本主義下獨特的財產關係使得階級成爲資本主義社會的中心組織原則。對照資本主義（的財產關係），封建社會的財產關係就解釋了爲何對權威性資源的控制是封建社會權力的主軸；也即以財產關係的本質變化來解釋社會中，權威性資源或配置性資源何者有相對的重要性（centrality），這又落入了馬克思所謂的經濟結構是「決定因素」的說法（*ibid*., 85）。第二個原因，紀登士的階級定義和其他馬克思主義者不同：許多人用佔用剩餘產品或剩餘勞力的機制來定義階級，紀登士則用私人財產擁有權的支配形式區分階級（*ibid*., 86）。「擁有權」（ownership）指對生產工具的使用與處置之直接控制，「私有」又指保障個人有處置生產工具的權利，所以當一個群體由強制性工具佔用剩餘而卻不實際控制生產工具，這樣的佔用就是使用權威資源的結果（例如命令軍隊出動徵糧），是權威支配結構做基礎，而不是階級結構。

關於社會內的階級化約論，由於紀登士將剝削定義為：被部分利益所駕馭的支配[3]（Giddens 1981: 60），所以至少還有三組剝削關係：國家間的、種族群體間的，以及性的剝削，而不僅只存在階級剝削。賴特認為階級之外的剝削關係雖不能化約為階級，但多數馬克思主義者仍願意承認階級的首要性，因為階級結構可能決定其他組關係形式的變化範圍。而上述論點若成立的話，階級關係就是其他組關係形式發展的結構性參數。賴特論證有三種可能：第一，行為者的社會意識由階級關係所形塑。換言之，階級是行為者主體性的最深層結構（而主體卻不一定要有階級意識）。第二，階級關係限定了其他非階級群體的行動能力（即造成了客觀限制），例如黑人要打破種族支配關係須先控制剩餘生產。第三，只有階級有發展的內在邏輯，可以對階級結構產生系統性的轉換，因此對其它關係而言，階級就具有變遷的動力首要性（dynamic primacy），但前提則是階級關係必須內在地產生發展傾向，否則無法帶動其他社會結構一起變遷。這和第三個問題有關，即紀登士有否成功地抗拒進化論，牽涉到「進化論」的爭辯[4]（Wright 89）。

功能論及進化論，常將社會系統類比爲有機體，視系統有「需求」且必須「適應」環境，紀登士則認爲這在經驗上說不通，因爲沒有跨歷史的驅力或動機可以做爲社會發展的一般理論的基礎。「生產力與生產關係的辯證」因此也不能做爲歷史發展的基礎，他代之以二個概念：插曲式轉變（episodic transitions），時一空交界（time-space edges），其結果就是機遇性的歷史發展（contingent historical development, Giddens 1981: 23）。總而言之，社會的變遷只是不同社會形式不斷重疊（overlapping）的過程，且沒有所謂「不可避免的趨向」，也沒有必須相連續的固定階段（Wright 91）。

賴特則對紀登士的看法有三點批評：第一，紀登士不應誤解進化理論都是「目的論」；其次，只要詳細描述進化論，可以避免紀登士指陳的缺點；第三，紀登士的時空距離化與插曲式轉變可視爲進化理論的一種變體。

關於第一點，賴特解釋，有機體的成長可以說有目的性，但演化的模型則不需要預設最後的終點[5]。賴特的進化模型有三個條件：一是變遷有方向性而非任意轉變，二是停滯不前的可能性大於退化的可能，三是肯定要有往更高階段進化的可能性（*ibid.*, 93）。

遵循這三個原則的進化論有某些特質：第一，社會的進化不需預設目的或「最終的狀態」；第二，不需要求每個社會都必須一階段一階段依序前進，也有跳躍的可能；第三，也不是每個社會都進化，退化的可能性仍然存在；第四，進化論不要求社會轉變的普遍性機制。賴特認爲某些馬克思主義的理論符合上項進化論的三個條件，這些條件都不須依靠所謂社會的「目標」或「需要」。只不過該解釋爲何生產力很難倒退（因爲生產力是馬克思主義的核心），以至於停滯的可能性要多於退化的可能性。賴特提出的理由如下：第一，大概沒有社會中的任何群體因降低勞動生產力而有直接的利益[6]；第二，在提高生產力方面，生產技術的知識要比生產工具重要，而生產知識是很難倒退的[7]；第三，人的需求不斷提升，所以提高生產力似乎有更多利益；第四，勞動者都想減輕工作的辛勞，卻又不想降低生產力，於是生產者會接受技術的革新。這樣就把第一點和第二點批評都解釋了[8]（*ibid.*, 94-95）。

賴特的第三點批評則認爲紀登士的社會變遷模型也符合進化論三條件，因爲他以時空距離化的規模來看社會變遷，時空距離化代表社會成員在時間與空間中，能控制多少權威性資源與配置性資源，俾在權力關係中使用。擴張配置性資源包含生產力的發展，擴張權威性資源包含監控工具的發展。因此，一旦距離化到達某個程度，就沒有人想降低既有的水準，至少在配置性資源方面是如此。至於權威性資源呢？不同群體的權威性資源就常處於互相對抗的狀態了，例如被統治者不會想讓統治者的權威性資源無限增加，所以常有限制政府權力的訴求。又如執政黨—反對黨的關係，前者的時空距離化增加，明顯對後者不利，所以互相抗衡反而是常態。但想擴張（或維持）權威資源距離化的人也比較有能力將他們的利益轉化爲實際的好處，所以距離化縱有倒退的可能，卻很難發生[9]。但距離化如何向前發展呢？在階級社會，主要透過資本主義公司之間配置性資源的衝突競爭，在階級分化社會，主要透過軍事與領土的衝突競爭來爭奪權威性資源，這端視何種資源是社會權力的基礎（*ibid.*）。

賴特認爲，若紀登士的理論可以如上述這般重建，那麼，紀登士就有兩套進化模型了。一套是他用權威性資源與配置性資源的時空距離化擴張做爲進化軌跡的自主性驅力，另外一種（也是紀登士所排斥的），傳統的進化模式，是以政治與經濟結構作爲進化的自主性驅力。只不過馬克思主義者認爲經濟結構具有首要性，政治權力則有相對自主性，紀登士則否認了何者有首要性。而賴特認爲，馬克思主義者所持的經濟優位較有說服力（*ibid*., 98-101）。

紀登士在《批判》第一卷的導論中說到，他在書中的立場是反功能論與反進化論的（Giddens 1981: 15），但顯然賴特對此並不以爲然，他認爲一來紀氏曲解了功能解釋，二來時空距離化不過是以權力的支配結構取代階級結構，未完全跳脫進化的社會變遷圖像，可以說，社會學中的功能模型與進化模型，並沒有遭結構－行動理論徹底擊倒，仍留下了生存空間。同時，賴特又認爲，馬克思主義者強調的階級結構、階級鬥爭、國家與意識形態的角色，和紀登士強調行爲者的認識能力、結構二元性，以及非意向（unintended）的行爲結果，在本質上並無不合，因此，賴特甚至認爲，紀登士的分析要較當代許多馬克思主義者更接近正統馬克思主義（Wright 77）。不過，值得馬派學者警惕的是，對資本主義社會的研究，階級概念是最重要的，至於在一般性的理論中，階級就不再擁有獨一無二的地位，這正是紀氏對馬克思主義提出的最大挑戰（*ibid.*, 102）。

蒲流里（John Breuilly）的批評

另一位可和賴特的批評相互補充的是蒲流里。他認爲紀登士的社會分類是靜態的，事實都只能被動地舉出來（Breuilly 277）。沒有因果或意向的解釋，沒有脈絡的思考，都只用「反過來」、「本質上」一類的語句，好像意向只能在既定規則下運作（*ibid.*, 278）。追根究底，因爲紀登士完全摒除了功能論。

蒲流里解釋，功能並非一定基於需要而創造出來，某些功能是無意中產生的，有時追求某些需求（功能）卻不見得會如願。但是需求有時可解釋某些現象的產生，例如經濟變遷要求新的政治權威形式，因此捍衛舊制度的人相對上就處於弱勢（*ibid.*, 279）。由於做意向性的歷史解釋失敗，又拒絕任何的功能解釋，紀登士已經對任何解釋都無能爲力，所以就跳入了機遇性的發展當中。蒲流里認爲，機遇性的發展都是在某些條件背景下，遵循一定規則來做選擇，然後再到下一個十字路口做選擇。這已經不是有「開放空間」（open-endness）的變遷，而是一種「插曲的進化」（episodic evolution, *ibid.*, 279-280）。但是同樣的條件，不一定只能做同樣的選擇，歷史有很多可能性，有些確實已發生，有些則否，選擇純然反事實（counter-factual）的轉變對於後果是無法回答的，但卻可以對失敗的例子進行歷史的探索。紀登士由於太依賴已成之事實，故歷史只能套入他分析架構的形式中（*ibid.*, 280-281），這就是爲何紀登士失敗的原因：拘泥方法論上的規定（Sayer 236）。最後，蒲流里總結他的批評如下（Breuilly 286-287）：

(1) 紀登士的理論是屬於「是什麼」（what）而非「為什麼」（why），因為後者是目的論、功能論。
(2) 紀登士的理論是結構主義而非結構—行動主義（structurationism）。

(3) 變遷的模式是插曲式進化，而非有開放的可能性。

(4) 若排拒社會有明確的發展過程和模式，為什麼卻不質疑所謂的國家發展過程和模式？要不接受二者，不然就放棄二者（像麥可・曼）。

筆者在此探討紀登士理論的解釋力問題。他的問題之一，如賴特所言，是忽略功能解釋的模型（請見柯亨，第九章），另一個問題，是紀登士對於社會實踐中的非預期結果無法放在適當的位置。若將行動以「意向—非意向」，後果以「預期—非預期」爲劃分，可以得到**圖 4-1**。

整個來說，柯亨的功能解釋可以包含全部四個象限的事件（請參閱柯亨，第九章與第十章），但紀登士認爲，非意向行爲的解釋主要訴諸於功能論（Giddens 1990c: 307），因爲他認爲功能論將人的行爲都當作符合系統的需求（這一點也受到賴特的批評）。

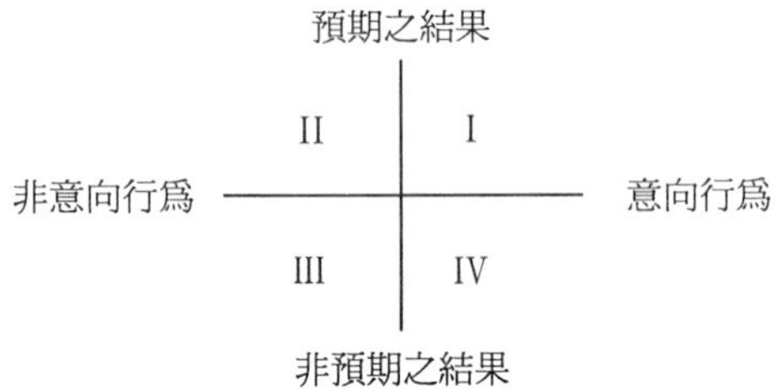

說明：劃分的依據來自洪鎌德 1996c : 180，圖一，或洪鎌德 1997b : 124，圖一。

圖4-1　紀登士的理論解釋力

嚴格的功能論則傾向認定非預期結果的功能，例如墨頓（Robert K. Merton 1910-　）的隱性功能，艾爾士特（Jon Elster）甚至加上非意向的條件（第三象限）。但不論非意向或非預期結果的注重，都不影響一個穩定體系的維持，只要社會成員能夠重複一個相對上持續的社會實踐，就代表某一個社會轉換結構的存在。

回到紀登士的理論，他認爲社會實踐有存在於第一象限的事件（意向行爲得到預期結果

[10]），例如人是能知能動的主體；也有第二象限的事件，例如無意識動機和實踐意識驅使的行為，都是造成「例行化」的基礎，屬於非意向行為卻有預期結果的說明。至於第三象限和第四象限，在紀登士的理論中是存在但不可解釋的（例如機遇的歷史發展），除非用功能來說明，但紀登士批評那樣就是目地論的解釋（teleological interpretation, *ibid.*），先肯定結果，再找原因，以致因果不分。不過如此一來，如何解釋社會中，一個固定的行為一直導致非預期結果的出現，而行動者還願意重複這個行為？若非功能論的解釋（如艾爾士特的模型），似乎不存在這樣的現象，只能視為偶然出現的意外，而這種非預期的結果又常引發社會變遷。歷史的發展是機遇的（例如早期資本主義和民族國家的結合），因此不僅包含有意改變的結果，也包含意料之外的結果。「意向行為－預期結果」是能解釋的，意向行為導致非預期的結果，紀登士卻無能為力。但他又不能像歷史學家，只是重現歷史的每個環節與場

景，身爲社會學家，還負有解釋的任務（見第二章，〈社會理論〉）。因爲意向解釋留有太多不能解釋的空間（非預期結果的發生），故蒲流里批評紀氏做意向解釋的失敗，卻又抗拒非意向解釋，所以只能基於實際已發生的事件，做結構性的分析描述，而非因果解釋（Breuilly 279-280）。這個缺點就是靜態的，類似「停格」的分類方法，而沒有動態的過程。

三、議題缺失

在《社會的建構》一書中，紀登士將社會的結構分爲三種：指意（或稱「意義」，signification）、支配（分爲配置性—allocative 與權威性— authoritative）、正當性（legitimation）。但在《批判》一書當中，指意（意義）的結構卻很少提到，蒲流里就指出了這一點（Breuilly　274）。此外葛列哥利（Derek Gregory）指出羅馬時代之後的歐洲社會，不討論基督教會是很奇怪的（Gregory 228）。傑索普也批評在紀登士的分析中，沒有在國家理論的系絡中發展意識形態。讀者也很難相信，近代民族國家凝聚力量之一的民族主義，在《批判》二書中所佔的篇幅遠不如勞動力商品化的分析。

的確，和韋伯相較，紀登士更不去關照資本主義社會內意義體系的問題。例如資本主義體系有擴張性再生產的特質，是過去的傳統生產方式所沒有的。擴張性再生產的物質基礎是利潤的增加，使資本家有意願再投資。韋伯的名著正是說明支持這種獲利動機的心理驅力從何而來，因爲追求物質的充裕固然是恆常的人類現象，卻也不見得永遠是最重要的無上命令。在許多時代，我們都可以看見某些社會抑制經由商品交易而致富的努力，例如中國傳統一向重農抑商；或明治維新前的日本，壓抑商人的地位[11]；以及歐洲的封建時代，以獲得永生爲人生的目地。不論有無依靠經商致富的機會，共同的特性都是鄙夷不經由土地勞動而來的財富。什麼時候開始，投入資本生產賺取利潤，放貸取息都是榮耀上帝的方式？韋伯試圖說明這一點（姑且不論他的解釋有多大說服力）。因爲他發現，接受新教信仰的地區，相對上比舊教地區更早發展資本主義。紀登士似乎將追求利潤看成理所當然，而資本主義有擴張性再生產的特質，工業主義可提升生產力，二者因此有選擇性的親近，故勞動力商品化是現代與前現代最基礎的不連續（Giddens 1985: 142）。言下之意，一旦勞動力商品化的機制建立，資本主義不可避免將會發展。韋伯卻問，什麼才是追求利潤的合法性基礎？

再如民族主義討論的篇幅很少，蒲流里認爲紀登士對民族、民族主義、民族國家的定義（見前一章）過於空泛，因此使他免除進一步的分析（Breuilly 254）。紀登士傾向把民族、民族主義當成都是爲政治所用，也歸於政治力的形塑[12]，是否抹殺了十九世紀後半期以來，民族主義在世界歷史中扮演的重要角色？至少紀登士只探求民族國家行政權如何深入民間社會，卻不想精確分析民族的態度，和當代英國的大史學家霍布士邦（Eric J. Hobsbawm）是大相逕庭：「如果不先理解民族及其相關詞彙，則過去兩百年來的地球人類歷史將會是一團迷霧」（霍布士邦 1993: 19），這難道是史學家和社會學家基本觀點的差異嗎？紀登士曾批評馬克思主義者多半忽略民族主義的討論（Giddens 1985: 213），但他也遭受同樣的批評。

忽略意義體系還有其他的缺點，例如在討論制裁的暴力形式時[13]，我們看到了處刑由公開、慘無人道的方式朝保護犯人尊嚴的方式演進。殘忍是事實，但這是一個現象，不代表制裁形式的本質。例如歐洲從十三世紀晚期，開始流行一種用身體做比喻的政治理論：一個王國就是一個身體，國王是頭，貴族是心，騎士是手，官吏是眼和耳，農民是腿和腳（Koziol 26）。這和柏拉圖的想法比喻相差不多，但運用這種身體比喻（崇拜）的結果，也把個人的身體各部份都賦予不同的意義，以至於背叛國王者要接受剖腹、砍頭、分肢等的公開處刑。不僅叛徒如此，國王和貴族死後也要肢解身體，分開埋葬。例如美男子腓力（Phlilip IV, the Fair, 在位 1285-1314）將他祖父聖路易（Louis IX, 在位 1226-1270）的心臟、骨頭、頭顱分開埋葬，他死後也如此（Koziol 24-30）。路易十四一死去，屍體就當眾匆忙切割，切割下的部份被莊重地傳遞給那些自始自終伴隨他一生的人當中的地位崇高者（Mann 1986: 459; 中譯本 627）。不論活人或死人，肢解軀體在現今都看作不人道的表現，但在殘忍之外，我們如何解釋這種現象？若忽略了其他深層的理由，就犯了將表象誤爲本質的毛病。

另外，傑索普提到紀登士缺乏國家結構（例如政黨）的討論（Jessop 125），似乎紀登士將現代的代議制度機關，看成「控制辯證」（見前章，註 52）的工具。故一般政治學者常視多元政治爲利益自由匯集與表達的制度，紀登士卻關注在結構原則的矛盾上[14]。

四、概念不明確

總體而言，紀登士的理論太抽象，缺乏經驗實例上的舉證，故幾乎可以說，紀氏的大部份概念都不明確。不過還是有人對於他不夠明確的概念提出質疑，例如紀登士對暴力的討論。

蕭氏即指紀登士所謂現代社會之內部要比傳統社會和平得多，因爲國家已壟斷了暴力工具，就等於把暴力工具和有組織的武裝活動連在一起，沒有將其訂出更廣的範疇，如對他人身體的傷害（Shaw 138），蕭氏還質疑這種由國家進行的社會和平化能否代表一般的社會生活之和平化（*ibid.*, 134）。蒲流里也批評紀氏對軍事力量的觀念是「較多觀察、較少概念」

（Breuilly 282）。因蒲流里認爲現代軍事力量的進展主要是組織層面而非技術，例如第一次世界大戰時，各國的動員力量要比任何武器的革新（如機關槍）更有代表性[15]（*ibid.*）。追根究底，因爲紀登士缺乏一套戰爭（或軍事）的理論，故在《民族國家與暴力》書中「通常提出歷史上與分析上的議題，而非解決他們」（Shaw 142）。

這樣的批評應該是有道理的，紀登士在他的 D-D-L-S 模式中，並沒有將暴力（或軍事）問題也一併討論，以至於賴特認爲紀登士把指揮軍隊視爲對權威性資源的支配，因此窄化了配置資源的範疇，削弱了經濟的概念，不可避免地，權威資源就有比較決定性的角色（Jary 148-149）。

筆者在此將提出缺乏定義「和平化」（因爲缺乏對「暴力」的合理定義）所衍生出來的矛盾，算是延伸蕭氏對民族國家一般社會生活之和平化的質疑。

根據蕭氏的推論，紀登士將暴力化約爲有

組織的武裝活動，因此目前一般所謂的社會暴力事件就被排除了。而根據紀氏的想法，傳統社會中暴力的來源是多重的（屬於合法或非法組織的地方武裝力量），現今民族國家內部的暴力來源則爲單一，照這樣的定義，我們直接面臨國家暴力工具威脅的機會比較少（因爲這是暴力的唯一合法來源），所以相對上內部比較和平[16]。

對於這種和平化質疑的第一點是，從此被統治者就受到無人可抗衡的暴力工具的潛在威脅[17]。例如發生在若干民族國家內的白色恐怖（white terror），足以使當事人處於極大的恐懼狀態中，因爲一旦成爲國家認定的公敵，縱使不剝奪生命，也常剝奪繼續作一個正常公民的權利。且藉由行政權的滲透，被國家監控的對象已到了毫無隱私權的地步，就連美國這樣有共識的社會，都曾有類似的經驗。可見民族國家內部的和平化局面（國家合法壟斷暴力工具），其實禁不起不同意識形態的挑戰。這種挑戰若一直潛在性地存在，和平化有何意義？

想要真正達到免除國家暴力工具威脅的地步，除非保證已先掃除意識形態的敵人，甚至是潛在的敵人。

第二個質疑是，傳統社會缺乏足夠強大的中央權威以保障人民生命財產的安全，卻承認人民組織武力以自我防衛的權利。現在縱使治安不好，人民自我防衛的權限卻大大縮小了，大部份要委之於警察（甚至軍隊）的力量。若國家暴力工具腐化，或合法性的歸屬沒有共識，人民只好任由宰割[18]，因爲民族國家主權的空間特性，移民已不能任意爲之。所以在這一類國家，人民已經把自己鎖在鋼鐵的牢籠中，假如還稱之爲內部和平，就只好打破一般對「和平」一詞的普遍印象。

不過筆者卻不想這樣吹毛求疵的批評，紀登士將現代國家界定爲合法地壟斷暴力工具，不過是沿用韋伯的定義，經驗上有特定的範圍（如先進工業社會）。而且在這一類國家中，公民遭遇突如其來的暴力襲擊機會，已經比傳統社會小很多（至少像「族際仇殺」這類的行爲是不再容許的）。若推論到全球民族國家體系，則國家合法地壟斷暴力工具，不必然就指向內部和平，這方面紀登士尚有修改的空間。

五、理論內在的矛盾

許多人都對所謂「結構的二元性」感到興趣，這是紀登士最爲人熟知的概念之一，以此試圖化解社會學長久以來的雙元對立（洪鎌德 1996d: 89-91）。但看過《批判》二卷之後，對於結構二元性在實際歷史分析中的應用，薩耶就認爲在紀登士的歷史描述中，看不到活生生的人（Sayer 247）。傑利引證傅立蘭（R. Friedland）的觀點，認爲紀登士理論中的行動者很容易被解釋成「國家菁英」（Jary 147）。而蒲流里認爲紀登士的分析中，行動似乎只能遵照既定的規則，結構的二元性之中，特重限制的那一面。之外如政府的概念，若不能和國家對人民行爲的處罰和獎勵連起來，就沒有什麼用，因爲結構就沒有能動（enable）的那一面，只有固定的規則，屬於「結構主義」而非「結構一行動主義」（structurationism, Breuilly 286）。

其次，在《批判》的第一卷，紀登士曾強調階級關係僅在階級社會（資本主義）才是分析社會的基礎，到了第二卷時，現代社會已經又成了四個不可化約的面向：資本主義、工業主義、國家組織與戰爭，階級的首要性已經不見（Jessop 121-122）。故蒲流里說：「第二卷不像是和第一卷有系統的結合，兩卷作品雖在風格和特徵上有重疊，但第一卷的許多關鍵理論概念在第二卷卻很少用」。因此，「像是兩部獨立的作品」（Breuilly 273）。

針對上述第一點的批判，我們從紀登士的作品中找出原因。筆者認爲，紀登士其實對民族國家採取相當批判的立場，他不採取某些傳統政治思想的說法，認爲國家的職責在保護人民的生命財產安全，反而傾向馬克思的主張，認為國家和民間社會互相對立。在行政權的本質分析上，和傅柯的說法一致，都當成規訓權力的滲透。因此之故，在他的筆下國家並沒有積極創造的一面。國家在他來看，是一個歷史事實，他也只把國家當成經驗事實來討論[19]。

至於第二個批評，在《批判》第一卷和第二卷的內容可明顯察覺到其中的差異[20]，紀登士並沒有將其中的邏輯關係清楚推論。筆者曾在前一章提到，第一卷的議題比較近社會學的興趣，第二卷的內容則偏向於政治學，但這其間的差異不足以解釋為何勞動力商品化是現代與前現代最基礎的斷裂。甚至他說，「在資本主義之中，階級支配提供了最重要的制度軸，各種鬥爭環繞在週圍」（Giddens 1985: 209），可是現代社會又有四個不可化約的面向，是否這四個面向都由階級結構衍生而來？傑索普提出的補救之道是「泛層決定」（Jessop 122），但紀登士本人對此也沒有提出很好的解釋（見 Giddens 1989b）。

六、其他的批評

另外還有一些屬次要的批評，部分是關於歷史事實的，例如葛列哥利論及紀登士的不足之處，認爲他誤導了事實，像是階級分化社會中，貿易網絡並非是邊陲性的存在[21]。而且經濟與暴力工具的結合，遠早於十九世紀。此外，對於監控的歷史地理學（historical geography of surveillance）必須詳加調查才行，雖然這是難以克服的工作（Gregory 229）。

在此筆者還提出兩個屬於歷史事實的綜合批評。

第一，紀登士的解釋有時是無法驗證的。例如他談到民族國家主權觀念的形成：「歐洲維持權力平衡的原因主要不是勢力平衡的概念[22]，而是沒有一個國家有權將自己的管理擴張到其他國家，即已認識到其他國家的合法性」（Giddens 1985: 87），「主權與國家平等的原則是很親近的，有主權的國家必然處於其他國家之中，所以有互相承認平等的壓力存在」（*ibid.*, 281-282）。這種說法卻完全忽視了歐洲各國統治階級在血源上的親近性[23]，因此縱有領土的野心，透過婚姻繼承乃是比征服更省事的辦法，哈布士堡王室便是以此方法獲得廣大的土地[24]，英國更迎回了一位不會說英語的國王：喬治一世（George I，在位 1714-1727，原爲漢諾威選侯）。更晚一些，拿破崙四處征戰後，大封自己的兄弟爲王，其實是封建制度的遺風，但也不能說，此時的歐洲國家沒有主權觀念。因此歐洲列強互相攻伐，只有割地賠款，卻沒有全面征服的局面出現，或是歸於權力平衡的傳統[25]，或是基於相互承認平等的主權觀念，可能各說各話。但紀登士更可能是倒果爲因的說法，因爲他也說：「戰爭使得沒有任何一個有廣大領土野心的國家可以建立帝國的秩序」（*ibid.*, 231），所以多國家體系未必是以相互承認主權爲基礎而組成。衣里亞斯（Nobert Elias 1897-1990）曾批評某些社會學者把己身時代的價值投射到研究之中，例如強調民族國家的研究，卻忽視宮庭社會，把中世紀的許多戰爭當成國家間的戰爭，實際上只不過家族間的戰爭罷了（張義東 1993: 41）。這樣的批評是否也適用在紀登士身上？

筆者的第二個批評是紀登士對於制裁（sanctions）方式的劃分並不十分妥當。**表 3-2** 中，紀登士劃分階級分化社會和資本主義社會的制裁方式：暴力工具的控制和就業的經濟必要性，意謂著傳統社會的制裁方式是對人生命的威脅，現代社會主要是經濟的威脅（如失業）。這和內部和平化的特色是一致的：暴力形式的處罰消失，代之以法律體系的審判。他沿用了傅柯的研究成果：十八世紀犯罪的暴烈程度有減弱趨勢（對人身的暴力犯罪減少，對財產的犯罪則增加），故對於罪行的罰則有放寬的傾向。除了因私人財富增加（並獲得保護）之外，傅柯也認爲是規訓權力膨脹，強加到社會之上，使得大規模的犯罪集團瓦解爲更小的單位（傅柯 73-75）。紀登士修正了這種看法：規訓權力不只是施加到社會之上（例如打擊犯罪組織、隔離犯人），而是「滲透」到整個社會（例如工作場所的管理紀律，Giddens 1985: 185-190）。

於是，制裁便由擁有司法管轄權的地方菁英掌握暴力工具的形式，轉向僱主的經濟支配[26]。筆者同意經濟權的制裁是很根本的，在工業生產超過農業生產之後，在許多的農民被地主驅離他們賴以維生的土地之後，但不應當忽略國家進行的暴力制裁。因爲經濟制裁可以讓一個人（甚至一個家庭）流離失所，淪爲罪犯，但不是只有流離失所的人才犯罪。我們還要注意國家對犯罪的懲罰又變得嚴厲了。傅柯引用的資料，指出英國在十九世紀初的二百二十三種死罪中，有一百五十六種是在前一百年內增添的[27]，且尤其對於偷竊等罪行的處罰更嚴酷（傅柯 73）。這種對偷竊行爲絕不寬容的態度，可視爲對私有財產權的保障，因此也是資產階級的司法，但這可否歸於「經濟的制裁」？我們探求紀登士的原意是，經濟制裁是剝奪社會生活的最根本形式，在此之前的人生活雖不富有，但卻不會失業，因爲每個人總是可以找到一塊能耕種的土地。不過依照他現代社會不可化約的三個體系：資本主義、工業主義和民族國家來看，由國家所進行的制裁也不應化約到經濟支配的結構裏，例如叛亂罪（包括背叛國家或統治者）在歷史上就一直是存在的，而且也非僱主所施行的經濟制裁[28]。若紀登士不認同叛亂罪制裁的獨立性，是否會落入制裁結構的「經濟化約論」呢？再者，由傅柯的著作中，也難以探求傅柯有意對制裁的不同形式做任何本質上的劃分。因此筆者相當質疑紀氏將制裁由掌握暴力工具的治理者，轉入不掌握暴力工具的資產階級的對比，至少如此很容易就抹殺他一直強調的國家自主性。筆者只願意承認司法管轄權以及法律體系的單一化，反對紀登士如此區分制裁的形式。

七、正面的評價

至於《批判》的貢獻，大家似乎有比較一致的看法，如將軍事的討論：戰爭與國家、世界軍事秩序等納入社會研究（Breuilly, Jessop, Shaw）。國際機構的功能（Breuilly）、監控的概念（Shaw）、多面向而非化約論的方法、社會際間（intersocietal）與時一空的角度、歷史變遷的插曲式特徵（Jary）等等。不過我們也可以想像得到，這些貢獻僅是將議題帶入討論之中，並沒有實質上的幫助。

但是從另一個觀點，紀登士的目的是要建立一個普遍理論[29]，故他不拘泥在歷史事實的解釋。**圖 4-2** 從歷史社會學的角度，將諸多這個領域的學者其研究的方向加以分類，當然僅供參考，學術的貢獻不應由此決定。

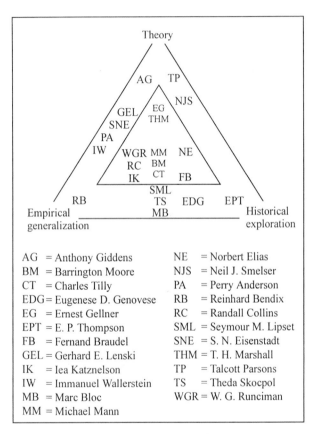

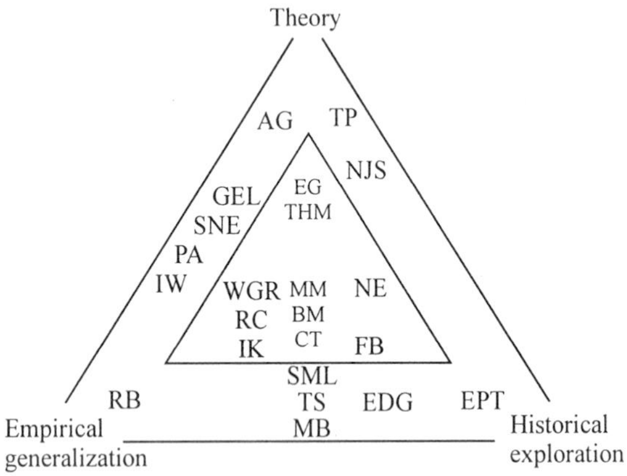

AG = Anthony Giddens
BM = Barrington Moore
CT = Charles Tilly
EDG = Eugenese D. Genovese
EG = Ernest Gellner
EPT = E. P. Thompson
FB = Fernand Braudel
GEL = Gerhard E. Lenski
IK = Iea Katznelson
IW = Immanuel Wallerstein
MB = Marc Bloc
MM = Michael Mann
NE = Norbert Elias
NJS = Neil J. Smelser
PA = Perry Anderson
RB = Reinhard Bendix
RC = Randall Collins
SML = Seymour M. Lipset
SNE = S. N. Eisenstadt
THM = T. H. Marshall
TP = Talcott Parsons
TS = Theda Skocpol
WGR = W. G. Runciman

圖4-2　歷史社會學研究者的定位

資料來源：Smith 167.

註　釋

[1]《社會權力的來源》第一卷（*The Sources of Social Power*, vol. 1: *A History of Power from the Begining to A.D.* 1760, Cambridge: Cambridge University Press, 1986），以及第二卷（*The Rise of Classes and Nation-States*, 1993）。

[2]如柯亨（G. A. Cohen）的著作《馬克思歷史理論的辯護》（*Karl Marx's Theory of History: A Defense*, Princeton: Princeton University Press, 1978），未被紀登士所評述。

[3]支配：資源的結構性不對稱。Giddens 1981: 50.

[4]這裏的意思是，馬克思主義者認為生產力的發展改變階級關係，而階級關係本身存有內在矛盾，正是這樣的內在矛盾成為社會進化的原動力。若社會發展不是進化的，階級關係就不是社會進化的原動力，這和馬克思主義者的主張不同，也使階級關係獨一無二的重要性消失了。

[5]例如，我們可以說蝌蚪成長的目地是變成青蛙，但青蛙的演化（甚至蝌蚪也在演化）則一直進行，看不到終點。

[6]但有可能為了其他利益而降低生產力，例如為了保住飯碗而策略性怠工，但那並非常態。

[7]賴特用柯亨舉的例子：保有技術的知識，就可以重製生產工具，但沒有技術知識，可能不知工具該如何使用。而知識的保存不是太困難，尤其會使用語言文字

的話。Wright 94.

[8]指紀登士將進化當作有目地性是錯誤的，以及賴特修正了社會進化模型。

[9]意指通常大家都想擴張權威性資源。

[10]理性選擇理論常解釋這類事件。

[11]位仍相當低。

[12]例如他曾說：「民族情感通常由支配菁英（dominant elites）所養成。」Giddens 1981: 192.

[13]這方面主要採用傅柯的研究成果。

[14]現代社會結構原則的矛盾，可見《民族國家與暴力》一書的第十章。

[15]因為組織動員能力的提昇，相對於拿破崙時代，進行現代戰爭就更不受季節影響，也能更持久作戰，使戰爭更慘烈。

[16]在紀登士之前，布洛赫和衣里亞斯（Nobert Elias 1897-1990）均有和平化的觀點。

[17]紀登士認為在常態上，民族國家內部是排除暴力威脅的，因為民族國家主要依賴共識和行政權滲透，控制日常生活的每一個層面，才得以控制社會，而非直接訴諸暴力。

[18]紀登士或許不承認被統治者會如此悲慘，因為可以動用公民權抗衡，但這種悲慘現象的確存在於某些當代的民族國家中。

[19]但這不代表紀登士不對國家的現狀做批判，至少他呼籲要建立一個規範性的政治理論，見 Giddens 1985: 325-341.

[20]例如圖 **3-1** 曾在一九八一和一九八四年的作品出現，一九八五年便不再試圖修正或解釋這個圖。

[21]傳統社會的貿易網絡，可參考 Michael Mann 1986 —

書。

[22]甘迺迪的作品正是以權力平衡的架構為出發點。

[23]最明顯的例子，德皇威廉二世（Wilhelm II，在位 1888-1918）是維多利亞女王（Victoria，在位 1837-1901）的外孫。

[24]馬克西米連一世（Maximilian I，在位 1493-1519）時代，有「別人都忙於爭戰，只有快活的奧地利在娶親」的說法。王曾才 102.

[25]路易十四雖有西班牙王位的繼承權，卻無法順利登基，因此爆發「西班牙王位繼承戰爭」（1701-1714），是維持國際權力平衡的一個寫照。但反過來，雖然沒有大一統帝國出現，卻不斷有人重複這樣的努力。

[26]主要的原因是勞動力商品化的結構轉換成立，加上政府壟斷暴力工具。

[27]可見之前的處罰並不是那麼常見，紀登士也承認死刑（capital punishment）在中古時期之後的一段時間並不是重要的制裁方式。Giddens 1985: 187.

[28]叛亂的原因可視為多重的，不能全然當作只有經濟動機。除此之外，妨礙國家行政權的執行也是一種罪，但也不是經濟的制裁。

[29]力圖做普遍的解釋，有時不免和某些人的研究成果相牴觸。例如摩爾（Barrington Moore 1913- ）就認為在過渡到現代社會的過程中，英、法兩國的資產階級和農民階級各扮演不同的角色。

第五章
幾個討論的議題

本章可視爲第四章的延續，但不同於第四章全然批判的態度，而是尋找出幾個筆者感到興趣的議題深入討論。這些議題在邏輯上並不連貫：既有用紀登士的理論概念對其社會分析做檢驗，也試圖補充他的理論，更把他和另一位學者做比較。

一、五個變遷概念

在《社會的建構》一書，紀登士指出，研究社會變遷應有五個關注的角度：結構原則（structure principles）、插曲特性（episodic characterizations）、社會間系統（intersocietal system）、時—空交界（time-space edges）、世界時間（world time, Giddens 1984: 244）[1]。對於他自己所提出的新奇概念，在《批判》一書又落實了多少？以下筆者將逐項檢討，試圖說明或補充這些概念，但並不能保證這些觀點將獲得紀登士本人的同意。

結構原則

回顧紀登士的社會分類（見圖 **3-1**），可見結構原則必須照顧到 D-D-L-S 模式的各面向，例如傳統社會生活實踐的原則主要為傳統，傳統既是政治、符號體系（指意）、法律，有時還能作為經濟活動的指引。親族則為社會系統的生物基礎，故所有社會均保有。團體制裁則是確保規則的遵守，以免破壞社會再生產的機制。階級分化社會的政治和經濟制度已從傳統分離出來，維持再生產機制主要是政治制度的工作，因為經濟的互賴只有很低的程度。階級社會的傳統不再包含意義體系，它已被機械化的生活取代，這或許是紀登士未討論現代社會的意義體系的緣故（如蒲流里所指出），但或許紀登士認為他已討論過了（在例行化以及民族主義的分析）。另外，他可能也把民族主義歸於政治或經濟之下，如果這樣，那麼倒值得商榷。監控則從政治中分離，監督社會規則再生產機制的穩定。

從第三章的理論重建，筆者認爲紀登士的確注重不同社會類型之結構原則的描述，雖然《批判》第一卷的內容更有助於讀者認清何謂「結構原則」的概念。第二卷相對來說，主題並非兼顧**圖 3-1** 的各個面向，偏重政治結構的部份，稍有脫離紀登士本人的理論架構，不過有可能是關懷的重點不同：在第二卷希望進入「現代性」（mondernity）的分析。此外，在**圖 3-1** 標示的結構原則中，我們可指出其中一點，即政治—軍事二者的結合，很像克勞塞維茲（Karl von Clausewitz 1780-1831）說的：「戰爭不是獨立的行爲，而是政治的繼續、政略的工具」（克勞塞維茲 7）。因此賴特認爲紀登士將指揮軍隊當成動員權威性資源的看法是有道理的，但戰爭的性質卻沒有這般單純，所以紀氏對於戰爭的討論，不如麥可・曼的 IEMP 模式來得深入[2]，倒像是紀登士的即興之作。

插曲的特性

插曲特性，指「有一個可分殊化的開始（specificable opening），是一個事件與後果（outcome）的傾向，可與某種程度之明確系絡（definite contexts）的抽象化作比較」（Giddens 1984: 374）。「明確系絡」一詞代表紀登士仍沒有廢除社會的發展趨勢，只不過要小心找出各個社會不同的遭遇，克萊卜（Ian Craib）因此說插曲特性是「避免在進化論與完全偶然之間的妥協態度」（Craib 63）。

不過令人訝異的是，法國大革命這一歐洲歷史上重大的插曲，卻完全沒有出現在紀登士的作品中，是否革命引發的後果不影響變遷的趨勢？或許答案是肯定的。但不可否認，拿破崙戰爭加速了民族主義的傳佈，也改變歐洲均勢，造就了「不列顛和平」。從這個角度來看，十九世紀後半期的世界歷史能否完全脫離法國大革命的脈絡來理解，很成疑問。反過來，似乎紀登士更願意把焦點放在「明確系絡」上面，所以自十七世紀以來社會結構的變遷是更爲根本的插曲式轉變，英國在這個轉變的過程中佔有了領先地位，拿破崙的失敗恰可說明變遷趨勢的不可抗拒。假如照上述的解釋，我們又要質疑這是否又是一種不可逆的進化？如同蒲流里所稱是「插曲的進化」，意謂歷史的主軸是確定的，所有的事件不過是強化這個主軸而已。若非如此，由於「機遇的歷史發展」，故何謂變遷的主軸也需要時間來證明。例如資本主義雖然現在統一了世界，但剛萌芽時誰也不確定是否會有另一個插曲取代它。只是因爲後來事實的發展，使我們回過頭來去探索資本主義社會的結構。筆者因此質疑「插曲式特性」此一概念的指涉內容，到底何謂有意義的插曲？我們從何得知歐洲社會發展的「機遇」特質？

社會間系統、時空交界與世界時間

時空交界是個容易理解的概念，定義是

「不同結構原則的社會之間，不論衝突或共生的聯繫」（Giddens 1984: 377）。社會間系統則爲「在社會（societies）或社會整體（societal totalities）之間有存在分界的社會系統（social system），包括不同社會（societies）的凝聚」（*ibid.*, 375）。第一個概念似乎強調的是不同社會系統之間的關係，第二個概念則討論在一個社會系統（可能有數個時—空交界）之內，有多少組不同結構原則（見圖 **5-1**）。

討論社會變遷用到這兩個概念，紀登士是爲了抗拒單一的社會變遷機制[3]（Giddens 1981：164-169；Craib 62-63）。例如在帝國體系內有兩個不同結構原則的社會，某個帝國可能對其鄰接的部落進行征服，和空間上不鄰接的社會進行貿易，兩種關係更可能同時存在。不過這兩個概念真正發生作用是在當代資本主義世界經濟的社會間系統，因爲資本主義體系有「同化」各個社會系統的效果，資本主義所到之處，大都引發了難以抗拒的結構原則

	部落社會	前歷史的以及割裂的(fragmentary)體系
	階級分化社會 部落社會	帝國世界體系
	資本主義社會 階級分化社會 部落社會	早期資本主義世界經濟
超強集團（super-power blocs）	資本主義社會 國家社會主義社會	當代資本主義世界經濟（世界民族國家體系）*
	開發中國家 階級分化社會 部落社會	

圖5-1　各種社會間系統

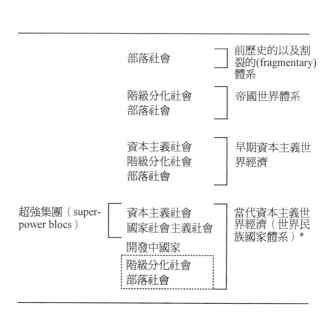

資料來源：Giddens 1984 : 184，另一個出處是Giddens 1981 : 168. *爲1984年版本所加。

的變遷，各個社會系統都歸到資本主義的旗下，造成了一個真正的「世界體系」[4]。不過這兩個概念似乎太過於靜態，只有描述的功用，兩個社會之間的連繫並不能解釋變遷，最多只能當一種形態的分析。

因此紀登士引入艾伯哈特（Eberhard）的「世界時間」（world time）概念，他對此的一個粗淺解釋是「一個表面上看起來相似的事件序列（sequence of events），或形式上相似的社會過程，可以在不同的世界發展階段中有很不相似的意涵或結果」（Giddens 1981: 167）。克萊卜舉的例子是英國在十八世紀後半的工業化過程帶來的結果，與印度在二十世紀中的工業化結果不同，雖然形式上有些類似（Craib 62-63）。紀登士在《社會的建構》對世界時間的定義則爲：「影響插曲本質的歷史局面（或時機，conjuctures）；從插曲特性上理解歷史先例的效果」（Giddens 1984: 377），藉此他區別「歷史的時間」。照這樣的敘述，意味著插曲特性必須在不同的時間中來理解（例如在不同時間中的工業化過程）。我們可以說，「時—空邊緣」與「社會間系統」是共時性的，但要理解其中的插曲特性，則需兼顧歷時性的「世界時間」。

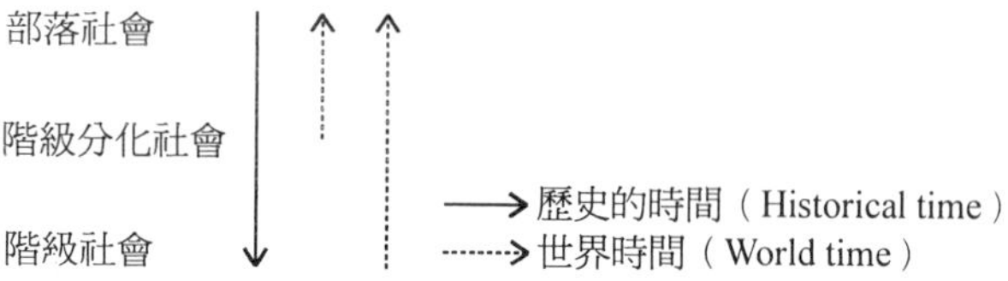

圖5-2　歷史的時間和世界時間

資料來源：Giddens 1981 : 167.

同樣地，世界時間能發揮最大效用的地方，也是在解釋資本主義社會所造成的世界體系。依紀登士所言，世界經濟體系的形成不是單一原因的結果，而是有多重的歷史因素（Giddens 1981: 168），必須用回溯的方法來分析。但筆者個人的意見則認爲，這和「脈絡」一詞的用法差不多，只是換了一種說法，就紀登士本人在《批判》一書中對這個概念的應用，也不能說他充分發揮了自己的理論。

紀登士與衣里亞斯

紀登士的理論到底受到衣里亞斯多大的啓蒙，是個耐人尋味的問題。儘管紀登士認爲影響不大（張宏輝 292; 洪鎌德 1997b: 109），但從幾個角度來說，二者有奇妙的相似之處。

例如在研究方法上，都致力消除微視與鉅視的角度差異，不再將結構與個人視爲對立，正因爲人和人之間的穩定互賴關係，社會學家才能找尋結構，結構並不外在於人際互動。雖然消除二元對立的努力並非此二人所獨有，帕森思也曾有這樣的企圖，但紀氏和衣氏卻又批判帕森思的方法不當（洪鎌德 1996c: 171; 1997b: 113-114; 顧忠華 21）。

若只是在方法論的立場上相似，還不足以證明二者的傳承關係，筆者認爲二者至少在探討「變遷」問題時，概念的架構除了名稱不同之外，都很能相互說明。

例如衣氏用「形態」（figuration）來指稱在一個社會中，人際間互動的生活實踐。形態是藉由不斷互動、協調而形成的某種特定形式的「秩序」，但這個秩序仍然不斷在變動中，所以不同於明定的「規則」（顧忠華 19-22）。動態的秩序概念，似乎就是紀氏所說的「結構二元性」。

接下來，衣氏將自己的學說稱作「過程社會學」（process sociology，張義東 1993: 34），是因爲「形態」一詞有靜止與停滯的危險（張義東 1994: 23），「過程」則代表「形態」的變動。因此，形態可被描述，而藉由理解形態邏輯的改變，找出變遷的傾向（即過程）。衣里亞斯也反對預設文明發展的方向，因爲歷史常出乎意料之外。不過從長時間來看，有一些可循的軌跡，但不應稱爲「進化」或「退化」，不同的可能性仍存在（顧忠華 23-29）。「過程」的解釋可以指向紀登士的「插曲式特性」，因爲「插曲」不代表完全偶然的事件，一個插曲發生了，隨之一個隱約的「明確系絡」出現，換用衣里亞斯的術語，這是過程的一個傾向，不再是進化論或者完全偶

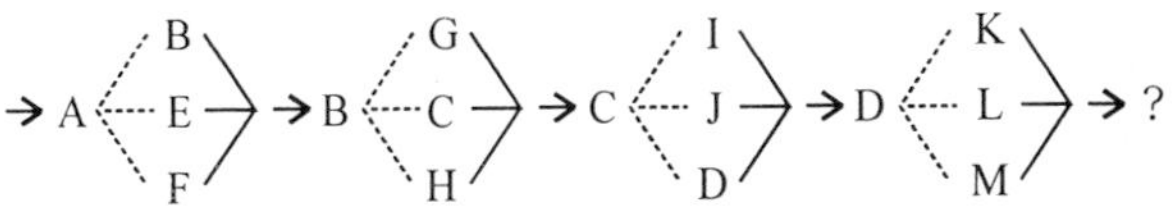

說明：1.符號代表形態，虛線代表可能的途徑。
2.實線聚攏代表社會力的組合隨時間推移而結晶（crystallisation）出新的形態。
3.由左往右充滿各種可能性，由右往左則是既成的與必然合理。

圖5-3　衣里亞斯的形態過程

資料來源：張義東 1994 : 38

然。故筆者認爲，針對社會變遷的分析，某些批評衣里亞斯的觀點同樣適用於紀登士，在此借用張義東對「過程」所示的圖解（見圖 **5-3**）說明：

時間僅有一個方向（從左往右），故無法假設反事實的事件出現，所以我們也不會知道E、F、G、H……到底是何種「形態」，從歷史上說，那些都是沒有意義的，一旦成爲「過去」，便不再有任何可能，可能性只存在於未發生的未來。因爲衣氏和紀氏仍然保留只存於假設的過去之各種可能性，他們便可以合理地解釋 A→B→C→D[5]，並且宣稱這不是必然的結果，只不過從讀者的眼中看去，D→C→B→A 是唯一可回溯的過程，縱使不是必然，也非接受不可，這就是蒲流里批評紀登士社會的分類處於靜態的緣故，因爲他必須解釋這唯一的過程，而沒有可資對照的其他歷史發展。所以儘管他宣稱有各種開放的可能性，我們卻只能看到一個合理的發展傾向，沒有第二條路。

二、結構—行動理論的軍事邏輯

在第三章中，筆者曾詳細解釋了紀登士的社會分類。基本上，若依結構原則來解釋，則《批判》的第一、第二卷大致能兼顧每個面向，尤其第一卷內容更是貼切地符合這個圖表。但可惜的是，紀登士一直將軍事權力和政治連在一起，這是容易產生疑問的地方。不僅在結構與資源的模式中，無法分辨軍事權力的地位，在第二卷中，紀氏也從不探討軍事—戰爭的本質[6]，但他又強調軍事權力在歷史上的重要性。筆者承認其重要性毋庸置疑，但無法在他的理論架構中找到定位，卻也令人困擾，於是筆者試圖提出自己的討論澄清疑點。

筆者將政治—軍事力結合的說法，解釋爲軍事是政治性的，於是又有三種邏輯：

第一，政治菁英壟斷軍事權力。軍事權力可解釋爲「有組織的暴力工具」，例如封建時代的騎士階級、專制主義時期的國王、現代的政府。雖然如此一來，必須摒除農民暴動之類的組織暴力。提利（Tilly）可能會反對這種解釋，因爲從歷史上看，何謂軍隊、何謂強盜實在難以辨認：和政府（國王）勾結時稱爲軍隊，平時魚肉鄉里如同強盜[7]（Tilly 172-175），不過這樣解釋比較符合一般的認知。

第二，軍事權力屬於權威性資源，因爲軍隊的訓練與管理涉及對人的命令，例如賴特就有這種想法（見第四章）。但這個解釋並不好，因為工廠管理也涉及對人的命令，而工廠管理是生產過程的一部份，應屬於經濟結構（政經制度分離下所保障的勞動契約）。因此，若工廠管理不是運用權威性資源，軍隊的訓練為何是呢？解答就是，軍隊的使用是政策的一環（軍隊是政治性的），也就是克勞塞維茲說的「戰爭是政策的工具」[8]。這是第三種邏輯。

針對第三種邏輯的疑問，即政策是否都是政治性的，屬於權威性資源的擴張？答案若為肯定，顯然紀登士將政府的作為截然歸類為完全政治的，政府雖也干預市場（經濟結構），但他並沒有足夠的分析，可以證明經濟結構反過來去影響政府的生存。或者這不需要證明，因為國家時空距離化的提昇不可免要有足夠的財力，所以追求雄厚的財力一直是國家行為的基本準則。但是如此解釋，是否淪入經濟為政治所用的說辭呢[9]？假如紀登士承認經濟可以作為獨立的結構（即配置性資源的掌握與使用），不可化約到政治結構中，爲何不認爲軍事權力的本質也可能是經濟性的？除非回到第一種邏輯：政治菁英對軍事權力有獨佔權。

此外，筆者進一步認爲，單就軍事權力（技術與訓練編組、戰術）的邏輯來說，配置性資源更佔有舉足輕重的地位。上述句子的意思是，生產力與武器技術的革新支配了戰爭的形態（而非戰爭的目的）。回溯西方世界的軍事史可以找出其軌跡：冶金術進步之後，甲冑的成本降低，使得更多平民可以成爲戰士，於是戰爭變得更民主平等了（因爲貴族不能壟斷作戰的權利）；等到騎馬騎兵成爲戰場的主宰，其昂貴的裝備又使得戰爭貴族化，規模也縮小。直到有效的火炮出現之後，局面遂又改觀，原本新式武器應該造成戰爭更貴族化的現象，但十世紀之後，歐洲的貿易網路興起（但不意謂之前沒有貿易活動存在），國王的財富大量增加，於是又開始雇用傭兵（mercenaries），此又導致戰爭規模的膨脹，常備軍重新建立。從此之後，一個貧窮但好武的國家想征服一個富有的國家，在實際上已不可能，封建諸侯也沒有和國王分庭抗禮的能力，畢竟有其財力上的差距。但是全民性的軍隊出現，則必須等到國家生產力足以裝備這樣的大軍，運輸聯絡的技術足以調動、指揮所有的軍隊。所以，戰爭形態受物質支配演進乃是十分正常的結論[10]。到現代，軍事科技具有毀滅性的威力，更使其超出了政治或經濟的範疇，成爲紀登士「現代性」的四個面向之一（請參考**圖 3-6**）。這時候再回去看**圖 3-1**，更容易發現無法自圓其說之處。

現在針對上面的敘述做出結論：

第一，以軍隊進行戰爭是人類社會長久以來的暴力衝突形式，但戰爭的動機則是多樣的，不一定出於擴張權威性資源。同時，軍事權力的本質很大程度取決於配置性資源。不過，將軍事權力歸諸於配置性資源仍然不足以說明一切。所以，用紀登士理論中的兩種資源都不足以解釋軍事權力的結構，這點有賴他本人的說明。

第二，戰爭的規模依賴物質基礎，但結合了資本主義、工業主義之後，產生了毀滅一切的能力，使得軍事權力有獨立的邏輯，構成「現代性」的面向之一。紀登士在《批判》的第二卷，正是說明這個觀點。但現代性的四個面向因此又和他的社會分類不能配合，此乃因階級社會的結構原則中，軍事權力沒有獨立的地位，加上前述第一項結論，不得不讓我們同意蕭氏對紀登士的批評：沒有戰爭的理論，所以只能點出議題，而不能解決它們。

第三，筆者因此認為，結構—行動理論的軍事邏輯，只能用「政治菁英壟斷發動戰爭的權力」來解釋。

三、紀登士與麥可・曼的比較

在八〇年代，紀登士和麥可・曼同樣出版了歷史社會學的著作，因此不由得想將二人做比較，至少在筆者閱讀過的文章中，葛列哥利（D. Gregory）、傑利（D. Jary）、傑索普（B. Jessop）、蕭氏（M. Shaw）就或多或少的將二人的成果對照，若有評價的話，麥可・曼又要好過紀登士。依葛列哥利的看法，二者有如下的相同處（Gregory 221）：

(1)權力在不同的社會中被動員。
(2)權力依賴資源——這些資源在社會生活（插曲）的主要結構轉換中被運用。
(3)這些資源使社會在時空中擴張（時空距離化：time-space distanciation）。
(4)每個社會擴張的結果都不一樣，因其在世界時間（world-time）中的位置不同。
(5)均批判進化論。

以下筆者選擇若干可討論之處，就其異同稍微做討論。

權力的社會觀

從權力的角度觀察社會，並非紀登士或麥可・曼的獨創，至少衣里亞斯也從權力去瞭解「形態」的變化，之後尚有傅柯，都算是先驅者[11]，可見權力觀點已蔚爲風潮。

紀登士的權力觀點，表現在時空距離化一詞的使用上。一個社會（系統）要在時空中延伸，必然要運用兩種資源，當然歸根究底，權力是行動者進行社會實踐的最基本能力。麥可・曼與紀登士差不多，他將追求美好生活視爲權力的本源，不過有關權力本質的問題，他表示不想探討（Mann 1986: 4-6; 中譯本 6-8）。

除此之外，二人的權力有不同的來源。在紀登士而言，權力是擁有與運用權威性資源和配置性資源轉換環境的能力，社會結構中表現爲四種制度：符號、政治、經濟、法律。麥可・曼則按照集體權力和個體權力的辯證關係[12]，分爲四種權力：擴張性（extensive）權力

[13]、深入性（intensive）權力、權威性（authoritative）權力、散布性（diffused）[14]權力，且有四種權力來源：經濟的、意識形態的、軍事的和政治的，稱之為 IEMP 模型（Mann 1986: Chap. 1）。而麥可・曼更愛用 IEMP 模型來解釋，所以他可以算是從組織權力或制度權力的角度，和紀登士有很大的相似性。另外，麥可・曼也承認，他和紀氏一樣，不將權力本身當作手段，手段乃是運用權力的中介（*ibid.*, 6; 中譯本 8）。

至於 D-D-L-S 或 IEMP 模式的解釋力何者為佳，筆者尚難討論這個問題，這和理論的中心關懷有牽連。紀登士的理論其實並不重歷史的細節，因為他試圖為現代性的問題提出解決之道，所以將《批判》一書的內容列入歷史社會學有些勉強：他的討論太一般化了，所以不能兼顧每個社會歷史中更微小的插曲。《社會權力的來源》主旨很簡單：人類社會權力關係的歷史與理論（*ibid.*, 1; 中譯本 1），所以是重塑世界歷史的架構，他將每個文明的發展過程以 IEMP 模型加以分析。由於至目前爲止，第三卷尚未出版，所以對理論的嚴謹與否，尚難加以論斷。至少在歷史事實的解釋上，花下的工夫有目共睹。

若同樣解釋歷史事實，紀登士的 D-D-L-S 模式就比較吃虧，例如前一節討論的軍事邏輯，在紀登士規模宏大的理論中就找不到定位。很明顯的，D-D-L-S 模型雖然綜合各家學說，仍是傳統社會學的理論架構，和七○年代後半興起的歷史社會學主旨、方法不盡相同[15]。所以他雖然想跨越傳統社會學的議題，兼顧政治學的興趣和歷史的向度，但他的架構顯然不行，只有相當抽象的概念，沒有辦法將具體的現象歸類，例如配置性或權威性資源的分類會造成困擾，麥可·曼則直接避開了這個問題。雖然這不失爲一個好方法，但本體論的問題最後可能會阻礙檢證理論的機會。

非化約論、非進化論

紀登士和麥可·曼的另一個相同之處，是

二者同樣非化約論的立場。紀氏的理由在第二章中已經提過，麥可・曼的說明則可見諸下列這一段文字：

> ……社會權力的這四個來源都提供了社會的可選擇的手段。在各個不同的時期和地方，每一來源都提供了得到增強的組織能力，這種能力使它的組織形式能暫時支配整個社會形式（Mann 1986: 3; 中譯本 3-4）。

非化約論的色彩因此帶來了變遷的機遇性以及反進化論：

> ……世界歷史的發展已經發生，但它不是「必然」的，不是一種「世界精神」的有目的的結果，不是「人類的命運」、「西方的勝利」、「社會的進化」、「社會的分化」、「生產力和生產關係的必然矛盾」，或其他自啓蒙運動以來反覆興起的那些「真正偉大的社會理論」的種種說

法的結果（*ibid.*, 531; 中譯本 724）。

> ……社會發展的領域是變動不拘的，表面上似乎是雜亂無章的，有時更多地是由「內部」的變遷進程引起的，有時更多地是由外部進程引起的，更經常地是由二者之間複雜的互動作用引起的（*ibid.*, 539; 中譯本 733）。

立場上的相似性使得紀登士過於抽象化的作品內容常可以從麥可・曼的實例中去驗證。例如《社會權力的來源》第一卷第十二章至第十五章討論歐洲社會自 800-1760 年間的發展，內容有封建社會的轉型（國家職能變遷）、財政收入的趨勢（與模式）、技術革命、軍事革命、專制主義……等等（當然也有紀登士忽略的基督教會），觀點的解釋也差不多。在第二卷討論到現代國家的興起，也從四個方向去討論：統計資料、軍事權力的自主性、官僚化（bureaucratization）、公民領域（civilian scope）的擴張（Mann 1993: Chap.

11-14），對於階級鬥爭也有更細緻的分析（*ibid*., Chap. 17-19）。雖然二者的歷史觀點並未超出已有的理論解釋之外（傑利就這樣批評紀登士），但基本上，除了分析的架構、術語不同[16]，對於社會變遷的觀點，兩部作品並無立場上的衝突。

既然立場上有如此的相似性，為何麥可・曼的作品不至於被批評為過於靜態？一個原因，是因為紀登士想塑造一個一般性理論，所以每個社會的特例都被忽略了。另一個原因，是麥可・曼只對握有權力優勢的地區感到興趣（Mann 1986: 538； 中譯本 733），所以他的焦點常在轉移：從美索不達米亞、印度、中國、埃及、克里特、亞述、希臘、羅馬、中東到歐洲。讀者所看到的，是不同文明的興衰，也因此有多線的發展可能性，似乎為機遇的歷史發展下了更好的註腳。反過來，我們也可以說，紀登士始終將焦點放在歐洲社會，缺乏對照的例子，所以無法驗證他所謂的不同的可能。然而，麥可・曼也不只採用發展成功的例子，他也舉出雖然失敗但可能成功的另一種途徑。如在《社會權力的來源》第一卷第十三章，他把勃艮第公國（duchy of Burgundy）提出來，說明了在領土集中的國家形態出現以後，一個舊式封建強權力挽狂瀾的失敗經驗。蒲流里就曾批評紀登士不願對失敗的例子進行探討，所以他的歷史敘述看起來就像完全不可避免的，一旦某個插曲出現，從此歷史就無法扭轉。筆者認爲紀登士可以避開這樣的批評，只要多加一些經驗的材料就可以，但是篇幅必然要膨脹。麥可・曼的作品之所以受到好評，固然在於其對史料重新加以詮釋，但篇幅足在紀登士的兩倍以上。

系統論與非系統論

唐納所稱八〇年代崛起的三位社會學家：紀登士、哈伯瑪斯和盧曼，無一不是系統論的支持者。麥可・曼最勇於創新的，莫過於他根本反對「系統」這個概念：

> ……社會不是單一的（unitary）。他們不是（封閉或開放的）社會系統（social system）；他們不是整體（totalities）。在地理或社會空間，我們絕不會找到一個受到單一限定的社會。因為不存在系統，不存在整體，所以不可能存在這種「整體」的「次系統」、「面向」或「層次」（levels）。……因為無所謂「受限制的」（bounded）整體，所以將社會變遷（或衝突）分為「內生的」和「外生的」變體（varieties）是無益的。因為沒有社會系統，所以也沒有進化的過程。……因為沒有整體，所以個體的行為也不受到「社會結構整體」（social structure as a whole）的束縛，因此區分「社會行為」和「社會結構」是無益的（Mann 1986: 1-2; 中譯本 2）。

這樣一來，幾乎大部份的社會學理論：系統論、馬克思主義、經驗主義、結構主義、結構功能論、進化論、傳播論（diffusionism）和行爲理論（action theory）都被推翻了。麥可・曼認爲，會把社會當成一個體系、整體，其根本的原因是自上個世紀以來，民族國家對於人類科學的巨大蒙蔽與影響[17]，使得社會科學家們有了「單一社會」、「單一文化」的錯覺（*ibid*., 2; 中譯本 2-3）。

那麼，社會是什麼？麥可・曼將社會視爲「由多重交疊和交錯（multiple overlapping and intersecting）的社會空間（sociospatial）的權力網絡（networks of power）」（*ibid*., 1; 中譯本 1）。的確，若問一個人：「你生活於哪個社會？」答案就會有「英國」、「美國」、「法國」，或者「工業社會」、「資本主義社會」、「西方社會」等等，回溯歷史，每個時代的人也無法很肯定回答這個問題（*ibid*., 16; 中譯本 23）。藉著工作、旅行、貿易，人們不斷進入各種網絡中，他們並不只屬於一個政治、經濟、文化、法律的體系，也不屬於各種結構（制度）全然一致的社會體系（因爲這是不存在的）。

這是一個很新的概念，至少麥可·曼不想再被系統的「邊界」（boundary）所困擾。但筆者在此並不欲對系統論的優劣加以評論，畢竟「系統」概念已支配了社會學研究很長一段時間，其研究成果，對社會科學的貢獻不容忽視。它也是一個堅強的傳統，爲系統辯護的必大有人在，挑戰系統論足以成爲另外一篇論文。筆者只是想藉麥可·曼的反省，點出紀登士理論的缺陷。

承自生物學的系統理論，除了系統、功能、結構之外，還有適應、均衡（equilibrium）、環境等概念，常常結合在一起解釋現象。紀登士摒除了功能和適應這兩個概念，附帶的環境也就不在考慮之列，因爲功能是爲了適應環境。只剩下系統的概念，有什麼不足之處[18]？例如他在討論現代民族國家的興起，其主權的成長是依賴國家間反省監視的關係，這套反省監視體系是在國際網絡與互賴模式中形成的（Giddens 1985: 263），所謂反省監視的關係可理解爲國際間的貿易與軍備競爭。

上述的分析放在傳統系統論的解釋又如何？我們可以把歐洲看成一個體系（確切的說，是有資格參與爭霸的各民族國家構成的體系），其組成份子則爲各個處於競爭狀態的民族國家，所以可以把個別民族國家看做次系統[19]。如此一來，每個國家就是在適應其所處的環境，彼此相互模仿、學習或創新（這是反省監視一詞最好的解釋），現代意義的國際關係就是在這個時期逐漸形成。雖然我們可以用紀登士的說法來解釋，但若用系統—功能的架構也可以理解而不互相衝突。紀登士如何說服讀者民族國家並不需要適應環境呢？當然他可以將歐洲（西歐）都當成一個統一的系統（資本主義體系），所以沒有適應的問題。但筆者認爲，他不過是把「次系統」這個術語拋棄了，但「次系統」概念造成的問題沒有一併解決，有系統就會有「環境」，接下來就要解釋「適應」。例如他把民族國家間的互動當成「反省監視」的關係，雖然不必然要把國家當成有機體，但還是容易給人這樣的聯想。由此可見，紀登士規模宏大的嶄新理論，在他宣稱把現有的社會學說都去蕪存菁之後，內容尚有不協調之處，也處處可見保守的痕跡[20]。

註　釋

[1]各概念之簡介見 Giddens 1984: 374-377.

[2] I=意識型態，E=經濟，M=軍事，P=政治，見 Mann 1986: 28-31.

[3]進化論者著重內生（endogenous）機制，文化傳播論者著重外生（exogenous）機制。

[4]但資本主義改造其他社會的因素卻有多重的因素，例如殖民主義。

[5]歷史學家也從事這種工作。

[6]紀登士曾在《現代性的後果》批評克勞塞維茲的理論已過時，他認為在克氏建構其理論時，觀念就已跟不上時代（Giddens 1990b: 58）。

[7]舉例來說，1588 年打敗西班牙無敵艦隊（the Armada）的英國「皇家」海軍，其核心成員實來自私掠船的首領與水手。請參見富勒 卷二：大事紀(一)與第一章。

[8]戰爭因為是政策的工具，所以克勞塞維茲也不認為戰爭是獨立的行為，見富勒 卷三：143.

[9]傑索普即批評紀登士對唯物史觀的批判帶有政治主義（politicism）的偏見。Jessop 119-120. 傑索普如此批評的另一個原因，可能是紀登士認為時空距離化的主要中介是權威性資源。

[10]戰爭形態受物質支配最有趣的例子，是一六四八至一七九二年「閃避戰略」（strategy of evasion）的時代，兩軍通常互相運動、對峙、圍城，但不做決戰。

部份原因是來自對三十年戰爭殘暴的厭惡，更有一部份原因是由於軍隊裝備成本的高昂，後勤體系效率低落。換言之，禁不起眞正作戰的損失，軍隊反而更重展示的效果，見富勒 卷二：第四章與第十一章。

[11]也有人批判衣里亞斯過於看重權力，而忽視文化的面向。見張義東 1994: 7; 15-20。

[12]此辯證關係意指人群如何結成社會。

[13]譯名和中譯本不同，原譯為廣泛性權力。

[14]譯名和中譯本不同，原譯為漫散性權力。

[15]從**圖 4-2** 中，可以發現紀登士和其間學者的作品並無很大關聯，除了衣里亞斯和帕森思。但紀氏否認受前者的影響，又攻擊後者的理論。

[16]分析架構除了 D-D-L-S 和 IEMP 模式的不同，還有下一小節要討論的：系統論與非系統論的差別。

[17]指民族國家的空間特性，把社會限定於一固定的空間中。事實上國家、文化、經濟從來不是完全一致的。

[18]空中的延伸與整合，有別於傳統的系統（Giddens 1990b: 13-14）。但何謂無邊界的系統，可能對讀者而言難以想像。而紀登士論證的理由則和麥可・曼相當近似。

[19]紀登士雖用社會系統指稱社會，但他自己的學說則不用「次系統」這個字眼。

[20]許多麻煩。但他的最終理論尚未出版，所以不能評斷這種作法的優劣。

第六章
結　論

本章針對幾個議題作討論。首先，要總結各章的結論，以回應第一章所提出的三個寫作目的，給予答案。其次，對本書的成果進行反省：檢討本書的缺陷。第三，指出後續的研究方向。

一、結　論

本節針對三個題目加以綜合評論。三個題目則是筆者在第一章提出的三個寫作目的：瞭解紀登士的社會變遷理論、瞭解紀登士的民族國家理論，以及對結構—行動理論的實際應用加以批判檢討。

紀登士的社會變遷理論

從紀登士批判馬克思的唯物史觀，我們可以得知紀登士的反功能論、反化約論、反進化論立場。另一方面，他認爲社會的再生產有機遇的特質，歷史的發展也是非常偶然的。但一個強調偶然的理論卻不能解釋任何東西，所以紀氏將他的插曲特性賦予「明確系絡」的條件。

這樣一來，又造成了什麼困境？第一，不願意採取功能解釋，所以行動的非預期結果[1]只能暫放一邊，造成了解釋上的盲點。第二，既然有解釋上的盲點，所以紀登士採取的策略就如衣里亞斯的「形態」與「過程」，並且也一併接收了某些批評者對衣里亞斯的批判（如過於靜態的描述）。

事實上，「偶然」或「機遇」的事件必然無法從現實排除，但每種理論都希望避開不確定性造成的困擾，所以多半不解釋這類事件，或謂歷史的發展有確定主軸，紀登士恐怕也不例外。對照另一個研究成果：麥可・曼雖和紀登士在方法上有類似的立場，卻較受好評，又是爲何緣故？筆者認爲，麥可・曼並不想對歷史發展理出趨勢，至目前爲止，他只是用 IEMP 模式去分析世界歷史中的每一個強大文明，這種缺乏理論的規範性關懷使他得以避免困擾。

紀登士困境的解決之道，可能是對不同發展系絡加以比較說明，如此可避免讀者質疑紀登士的歷史發展是獨一無二的路線，不過要花費更多的工夫處理歷史材料，這就不一定是紀登士感興趣的所在。

紀登士的民族國家理論

有關這一部份，紀登士強調的重點在國家行政權力的全面滲透。因此，民族國家就是一具監控的機器，具有高度的自主性。追本溯源，在紀登士區分兩種權力資源時，就已暗示了國家在歷史上的任何時期，都不曾受階級的全面支配。假如我們接受賴特的觀點，認爲權力資源的分類是方法論上的假設，那麼只好同意紀登士的說法。另一方面，民族國家除了是監控機器，也是戰爭機器，理由是民族國家處於民族國家體系之中，彼此互相競爭的緣故。至於競爭的驅力，或許我們可用「時空距離化」來包括一切，時空距離化的實質內容即是權力資源的擴張。這可作爲紀登士發展一般性理論的實例，因爲他不再去細究戰爭爆發的各式各樣原因，所以，國王要增加威信，或民族國家要爭奪海外市場，或是維持霸權，都可以放入時空距離化的架構中。

除此之外，筆者還要指出，把國家當作監控與戰爭的機器，很難說是紀登士對國家本質的探討，只能說是出於歷史觀察的結果，因爲他對此不賦予任何評價。事實上，他從一開始，就將國家的活動置於行政權力如何滲透、監控民間社會這個焦點上，藉以區隔不同的國家組織形式，這或許影響他發展規範性政治理論的策略。

結構—行動理論的實際應用

就筆者將《批判》一書視爲結構—行動理論的應用實例來看，也是負面評價的聲音比正面評價要大。除了歷史材料使用的問題，我們發現紀登士的理論是個過於龐大的計畫，疏漏之處顯而易見，邏輯上也有不相連貫的地方。同時，我們更可以窺見理論體系的裂縫。

例如紀登士宣稱軍事權力的重要性，但筆者在第五章的討論，發現軍事權力在 D-D-L-S 模式中難以找到定位，只能用政治菁英壟斷軍事權力來解釋。但如此一來，可能就喪失掉軍事權力之物質基礎與戰爭形態的辯證關係。這雖然比較偏向純粹的軍事理論，而失去政治的面向，但反過來，從甘迺迪的著作中，我們還是可以發現，戰爭的形態仍然對政治結構造成一定的影響力[2]。軍事權力缺乏明確地位，顯示紀登士有屈就現實而改造理論的嫌疑，因爲他的理論模型和那些忽視軍隊角色的社會學者一樣，原本就沒有保留軍事權力的地位。

其次，在紀登士描述民族國家體系的發展時，我們還發現功能論概念的偷渡。只因爲紀登士排除了「次系統」，所以他也不需要處理「環境」、「適應」等功能論常會遇到的問題。但他把一個民族國家當成一個系統（或社會系統），又採用了「世界體系」這個詞的時候，其實問題就出現了。他把個別的民族國家社會適應外部環境的功能性描述，轉成彼此之間的互相反省監視，這和系統功能論所說的適應並不相衝突。若要徹底放棄功能解釋，麥可・曼的方法可能是一種選擇，因爲他根本放棄了單一的社會概念，可惜筆者並不能就這一點進行評論。

最諷刺的是，建立現代性四個制度軸的模型（1985）不數年，東歐集團便於瞬間崩潰解組，紀登士憂慮的核戰陰影轉眼消散大半（雖然地區性的衝突仍存在），反核的訴求由反戰轉向環保。這個世界歷史的大插曲雖證明了變遷的機遇性，但是否紀登士要修改他的現代性模型？或者他將提出另外的解釋？更重要的是，這是否意味著他的理論應用失敗？

從第二章的討論，我們可以說紀登士結合兩種社會學基本觀點的歧異，有如康德（Immanuel Kant 1724-1804）在哲學上的努力。但至目前爲止，認爲失敗的人比較多（羅素也如此對康德下結論）。所幸紀登士和康德不一樣的地方，是康德已不能再修改自己的理論，而結構—行動理論仍是個未完的故事，紀登士還有機會實現他的野心。

二、本書之限制

就筆者感到本書未顧及之處，比較遺憾的有如下三項：

第一，人文地理學的素養不足，所以未能從這方面著手，而將時—空帶入社會學分析，卻是紀氏的得意傑作。不過也有人認爲，紀登士對於時空議題，在早期與八○年代中期是重點之一，到了八○年代後期就比較少再談到（Urry 161）。幸運的是，《唯物史觀的當代批判》所提到的空間分析並不那麼深奧難懂。相較起來，有海德格和柏格森理論成分的時間分析，反而是最接近形上學的部分。不過正如某些批評者所言，《批判》書中過於重視結構、制度，所以時間和空間理論並沒有好好發揮（主要在第一卷）。筆者相信雖囿於能力，但卻不至於錯失重點。

第二，未從階級的角度去批判紀登士的著作。在資本主義社會，階級有前所未有的重要性，甚至，階級一詞只在資本主義社會才有顯著的意義。而翻查紀登士的著作表，可見他對先進社會的階級問題也曾多所關照。縱使有人批評他因爲定義的緣故，將階級的重要性降低（如賴特、傑利），但筆者相信，階級分析仍不失爲一種可行途徑，畢竟自馬克思以來，階級觀念早已深入人心。故本研究雖也從另外的角度切入，但未顧及此，不免可惜。

第三，對於紀登士的研究，難免要注意其作品的連慣性，方才能抓住理念的核心。第一章曾指出，紀登士近年的研究重心，是對現代性的性質和兩難，提出一個後功能論和後馬克思主義的觀點。筆者相信，《唯物史觀的當代批判》正是這個研究趨向的起點。紀登士本人也曾提到，《批判》的第三卷寫作計畫，正是所謂現代性的問題（Giddens 1990c: 305），可惜的是，近來的作品雖多討論現代性，卻未發現任何著作有《批判》第三卷的標示[3]。另外，筆者要試圖提出爲自己辯護的理由：一是本書只對紀登士的社會變遷概念有興趣，且因其不只關注於現代社會的變遷問題，甚至考慮到歷史的向度，所以也可列入歷史社會學的研究行列。正因爲兼顧歷史研究，故更激發筆者的興趣。其次，紀登士對現代性的探討尚未結束，筆者不想貿然涉入，當然這也是個偏好的問題。因此，或可將紀氏的現代性分析，當作後續的研究。

三、後續的研究

如前所述，紀登士的現代性分析，是值得研究的題目。尤其英國工黨在一九九七年大選獲勝，紀登士身爲工黨重要顧問，更是炙手可熱。台灣早耳聞紀氏大名，專門的研究卻很貧乏，和舉目可見哈伯馬斯、傅柯的現象相較起來，似乎顯得厚此薄彼。雖然不少人質疑紀氏理論的實用性，但能博得舉世注目，必事出有因。而筆者的寫作過程中，遭遇的困難之一，是理論概念的譯名非常難以決定。這固然和紀登士的習慣有關，但筆者相信，新奇的概念如何定名，需要經過討論，不過在此之前，必須有更多人加入研究。

另外，紀氏既不以社會學理論自限，可見其他相關領域也應加以嘗試，並藉此檢證一個嶄新的大理論，前述之歷史社會學就是一個應用的好場所。或許在傳統的研究興趣之內，加入新的理論架構，會有助於打開另一扇門，開拓更廣的心靈視野。

註　釋

[1]此處所指的非預期結果並不僅包含突發的、僅發生一次的意外事件，還有重複進行的例行化活動。

[2]例如國王為了進行戰爭而舉債，必須討好銀行家；為了大舉徵稅，要聯合新興的階級。紀登士也承認早期資本主義的發展是個非意向的結果，戰爭的壓力就是其中的原因之一。Giddens 1985: 159.

[3]紀登士在一九九四年的作品 *Beyond Left and Righ*（1994a）序言中提到，這本著作應是《唯物史觀的當代批判》計畫中的第三卷，但當此之時，他的興趣已經轉移，故第三卷終未能出現

參考書目

I、紀登士著作

(一) 專著

1971

a.*Capitalism and Modern Social Theory: An Analysis of the Writings of Marx, Durkheim and Max Weber* , Cambridge: Cambridge University Press (261pp.).

1972

a.*Politics and Sociology in the Thought of Max Weber* , London: Macmillan; New York: Pall Mall (64pp.).

1973

The Class Structure of the Advanced Societies , London: Hutchinson; New York: Harper & Row (336pp.). Revised edn, 1981.

1976

New Rules of Sociological Method: A Positive Critique of Interpretative Sociologies, London: Hutchinson; New York: Harper & Row (192pp.).

1977

Studies in Social and Political Theory, London: Hutchinson; New York: Basic Books (416pp.).

1978

Durkheim, London: Fontana; New York: Penguin (125pp.).

1979

Central Problems in Social Theory, London: Macmillan; Berkeley: University of California Press (294pp.).

1981

A Contemporary Critique of Historic Materialism, vol.1: Power, Property and the State, London: Macmillan; Berkeley: Univer-sity of California Press (294pp.).

1982

c.*Profiles and Critique in Socail Theory*, London: Macmillan; Berkeley: University of California Press (239pp.).

d.*Sociology: A Brief but Critical Introduction*, London: Macmillan; New York: Harcourt Brace, Jovanowitch (179pp.).

1984

The Constitution of Society: Outline of the Theory of Structuration, Cambridge: Polity Press; Berkeley: University of California Press (402pp.).

1985

The Nation-State and Violence, vol.2 of *A Contemporary Critique of Historical Materialism*, Cambridge: Polity Press; Berkeley: University of California Press (399pp.).

1987

Social Theory and Modern Sociology, Cambridge: Polity Press; Stanford: Stanford University Press (310pp.).

1989

a.*Sociology*, UK edn, Cambridge: Polity Press (815pp.).

b.'Comments on Paul Kennedy's *The Rise and Fall of the Great Powers* , contribution to review symposium, British Journal of Sociology 40: 328-331.

c.'Reply to my critics', in Held, D. and J. B. Thompson (eds.), *Social Theory of Modern Soieties: Anthony Giddens and His Critics*, Cambridge: Cambridge University Press, Ch.12.

1990

a.*Sociology*,US edn,(some different content from UK edn), New York: Norton.

b.*The Consequences of Modernity*, Cambridge: Polity; Stanford: Stanford University Press (186pp.).

c.'Structuration theory and sociological analysis', in Clark, J., C. Modgil and S. Modgil (eds.) *Anthony Giddens: Consensus and Controversy*, Brighton: Falmer Press, Ch.22.

d.'Structuration theory: past, present and future', in Bryant, C.G.A and David Jary (eds), *Giddens' Theory of Structuration: A Critical Appreciation*, London: Routledge, Ch.8.

1991

Modernity and Self-Identity: Self and Society in the Late Modern Age, Cambridge: Polity Press (256pp.).

1992

a.*The Transformation of Intimacy: Sexuality, Love and Eroticism in Modern Societies*, Cambridge: Polity Press (212pp.).

1994

a.*Beyond Left and Right: the Future of Radical Politics*, Cambridge: Polity Press (276pp.).

1995

Politics, Sociology and Social Theory: Encounters with Classical and Contemporary Social Thought, Cambridge: Polity Press (304pp.).

1996

In Defence of Sociology: Essays, Interpre-tations and Rejoioders, Cambridge: Polity Press (288pp.).

（二）編著與合著

1971

b.*The Sociology of Suicide*(ed.) , London: Cass (424pp.).

1972

b.*Emile Durkheim: Selected Writings* (ed.), Cambridge: Cambridge University Press (272pp.).

1974

a.*Positivism and Sociology* (ed.), London: Heinemann; New York: Basic Books (244pp.).

b.*Elites and Power in British Society* (eds.), Cambridge: Cambridge University Press (216pp.).

1982

a.*Classes and the Division of Labour: Essays in Honour of Ilya Neustadt*(eds.), Cambridge: Cambridge University Press (337pp.).

b.*Classes Power and Conflict: Classical and Contemporary Debates* (eds.), London: Macmillan; Berkeley: University of California Press (646pp.).

1986

Durkheim on Politics and the State (ed.), Cambridge: Polity Press; Stanford: Stanford University Press (250pp.).

1992

b.*Human Societies: An Introductory Reader in Sociology* (ed.), Cambridge: Polity Press (388pp.).

1994

b.*Reflexive Modernization: Plitics, Tradition and Aesthetics in the Modern Social Order* (eds.), Cambridge: Polity Press (225pp.).

（三）中文翻譯

李霖生譯

1986 〈吉登斯論社會結構〉(原文譯自 *The Social Science Encyclopedia*, London: RKP, 1985, pp.787-789, 以及 Giddens, 1984, *The Constitution of Society* , pp.1-34.)，《憲政思潮》，第 75 期，89-115 頁。

蔡耀明譯

1987 〈哈伯瑪斯〉('Juergen Habermas')，原文譯自史金納(Quentin Skinner)編，*The Return of Grand Theory in the Human Science*, Cambridge:Cambridge University Press, 1985，《思與言》，第 25 卷，第 4 期，403-418 頁。

戚國雄譯

1991 〈詮釋學與社會理論〉('Hermeneutics and

Social Theory'，出自 *Hermeneutics: Questions and Prospects*, ed. by Gray Shapiro and Alan Sica, University of Massachusetts Press, 1984, pp.216-230)，鵝湖月刊，第 17 卷，第 5 期，36-44 頁。

廖仁義譯

1992 《批判的社會學導論》(1982d, *Sociology: A Brief but Critical Introduction*)，台北市：唐山出版社。

簡惠美譯

1994 《資本主義社會與現代社會理論：馬克思・涂爾幹・韋伯》(1971a, *Capitalism and Modern Social Theory: an Analysis of the Writings of Marx, Durkheim, and Max Weber*)， 台北市：遠流出版公司，新版一刷。

張家銘等譯

1997 《社會學》(上)(下)(1989a, *Sociology*)，台北市：唐山出版社。

II、英文參考資料

（一）書籍

Angeles, Peter A.

1981 *Dictionary of Philosophy* , New York: Harper & Row. Bryant, Christopher G.A. and David Jary (eds.)

1991 *Giddens' Theory of Structuration: A Critical Apprecia-tion* , London and New York: Routledge.

Clark, J, C. Modgil and S. Modgil (eds.)

1990 *Anthony Giddens: Consensus and Contro-versy* ,Brighton: Falmer Press.

Cohen, Ira J.

1989 *Structuration Theory: Anthony Giddens and the Constitution of Social Life* , London: Macmillan.

Craib, Ian

1992 *Anthony Giddens* , London and New York: Routledge.

Elster, Jon

1989 *Nuts and Bolts for the Social Science,*

Cambridge, New York, Port Chester, Melbourne, Sydney: Cambridge University Press.

Evans, Peter B., Dietrich Rueschemeyer and Theda Skocpol (eds.)

1985 *Bringing the State Back In , Cambridge*; New York; New Rochelle; Melbourne; Sydney: Cambridge University Press.

Held, David and John B. Thompson (eds.)

1989 *Social Theory of Modern Soieties: Anthony Giddens and His Critics* , Cambridge, New York, Port Chester, Melbourne and Sydney: Cambridge University Press.

Lukes, Steven

1979 *Power: A Radical View*, London: Macmillan.

Mann, Michael

1986 *The Sources of Social Power*, vol.1: *A History of Power from the Begining to A. D. 1760*, Cambridge: Cambridge University Press, reprinted 1987, 1988, 1989, 1992.

1988 *State, War and Capitalism: Studies in Political Sociology* , New York: Basil Blackwell.

1993 *The Sources of Social Power*, vol.2: *The Rise of*

Classes and Nation-States , Cambridge: Cambridge University Press.

Skocpol, Theda

1984 *Vision and Method in Historical Sociology*, Cambridge: Cambridge University Press.

Smith, Dennis

1991 *The Rise of Historical Sociology*, Cambridge: Polity Press.

Turner, Jonathan H.

1991 *The Structure of Sociological Theory*, Belmont: Wadsworth, Inc. Fifth Edition.

Zeitlin, Irving M.

1987 *Ideology and the Development of Sociological Theory*, Englewood Cliffs , N. J.: Prentic-Hall, Third Edition.

（二）論文

Block, Fred

1977 'The Ruling Class Does Not Rule: Notes on the Marxist Theory of the State', *Socialist Review* 33: 6-27.

Bottomore, Tom

1990 'Giddens's view of historical materalism', in Clark, J, C. Modgil and S. Modgil (eds.),

Anthony Giddens: Consensus and Controversy, Brighton: Falmer Press, pp. 205-210.

Breuilly, John

1990 'The nation-state and violence: a critique of Giddens', in Clark, J, C. Modgil and S. Modgil (eds.), *Anthony Giddens: Consensus and Controversy* , Brighton: Falmer Press, pp.271-288.

Callinicos, Alex

1985 'Anthony Giddens: A Contemporary Critique', *Theory and Society*, 14 (2): 133-166.

Coser, Lewis

1990 'Giddens on historical materialism', in Clark, J, C. Modgil and S. Modgil (eds.), *Anthony Giddens: Consensus and Controversy*, Brighton: Falmer Press, pp.195-204.

Digeser, Peter

1992 'The Fourth Face of Power', *The Journal of Politics*, Vol.54, No.4: 977-1007.

Gegory, Derek

1990 'Grand map of history: structuration theory and social change', in Clark, J, C. Modgil and S. Modgil (eds.), *Anthony Giddens: Consensus and Controversy* , Brighton: Falmer Press, pp.217-233.

Habermas, Juergen

1982 'A Reply to My Critics', in Thompson, J. B. and David Held (eds.), *Habermas: Critical Debates* , London: Macmillan, pp.219-283.

Jary, David

1991 'Society as time-traveller: Giddens on historical change, historical materialism and the nation-state in world society', in Bryant, C. G. A. and D. Jary (eds.), *Giddens' Theory of Structuration: A Critical Appreciation* , London and New York: Routledgeand , pp.116-159.

Jessop, Bob

1989 'Capitalism, nation-states and surveillance', in Held, David and John B. Thompson (eds.), *Social Theory of Modern Soieties: Anthony Giddens and His Critics*, Cambridge, New York, Port Chester, Melbourne and Sydney: Cambridge University Press, pp.103-128.

Mann, Michael

1989 'Comments on Paul Kennedy's *The Rise and*

Fall of the Great Powers , contribution to review symposium, *British Journal of Sociology* 40: 331-335.

Mouzelis, Nicos

1989 'Restructuring Structuration Theory', *The Sociological Review* ,37 (4): 613-635.

Sayer, Derek

1990 'Reinventing the wheel: Anthony Giddens, Karl Marx and social change', in Clark, J, C. Modgil and S. Modgil (eds.), *Anthony Giddens: Consensus and Controversy*, Brighton: Falmer Press, pp.235-250.

Shaw, Martin

1989 'War and the nation-state in social theory', in Held, David and John B. Thompson (eds.), *Social Theory of Modern Soieties: Anthony Giddens and His Critics*, Cambridge, New York, Port Chester, Melbourne and Sydney: Cambridge University Press, pp.129-146.

Thompson , John B.

1989 'The Theory of Structuration' in Held, David and John B. Thompson (eds.), *Social Theory of Modern Soieties: Anthony Giddens and His*

Critics, Cambridge, New York, Port Chester, Melbourne and Sydney: Cambridge University Press, pp.56-76.

Tilly, Charles

1985 'War Making and State Making as Organized Crime' in Evans, Peter B., Dietrich Rueschemeyer and Theda Skocpol (eds.), *Bringing the State Back In* , pp.169-191.

Urry, John

1991 'Time and space in Giddens'social theory', in Bryant, C. G. A. and D. Jary(eds.), *Giddens' Theory of Structuration: A Critical Appreciation* , London and New York: Routledge, pp.160-175.

Wallerstein, Immanuel

1989 'Comments on Paul Kennedy's *The Rise and Fall of the Great Powers* , contribution to review symposium, *British Journal of Sociology* 40: 335-340.

Wright, Erik Olin

1989 'Models of historical trajectory: an assessment of Giddens's critique of Marxism', in Held, David and John B. Thompson (eds.), *Social*

Theory of Modern Soieties: Anthony Giddens and His Critics , Cambridge, New York, Port Chester, Melbourne and Sydney: Cambridge University Press, pp.77-102.

III、中文參考資料

（一）書籍

王任光

1987　《西洋中古史》，台北市：國立編譯館，初版四印。

王曾才

1995　《西洋近世史》，台北市：正中書局，台初版第八次印行。

林繼文

1991　《日本據台末期(1930-1945)戰爭動員體系之研究》，國立台灣大學政治研究所碩士論文。

洪鎌德

1972　《現代社會學導論》，台北市：台灣商務印書館。

1984　《馬克思與社會學》，台北市：遠景出版公司，第二版。

1986 《傳統與反叛—青年馬克思思想的探索》，台北市：台灣商務印書館。

1988 《新馬克思主義和現代科學》，台北市：森大圖書公司。

1990 《西方馬克思主義論戰集》，台北市：森大圖書公司。

1996

a.《跨世紀的馬克思主義》，台北市：月旦出版公司。

1997

b.《社會學說與政治理論—當代尖端思想之介紹》，台北市：揚智文化。

陳思賢

1994 《從王治到共和》，自印。

張義東

1994 《社會學的形態想像—從伊里亞斯的文明化過程談起》，國立台灣大學社會學研究所碩士論文。

黃瑞祺

1980 《溝通與批判：哈伯瑪斯社會溝通理論初探》，國立台灣大學社會學研究所碩士論文。

1982 《意識形態的探索者—曼海姆》，台北市：

允晨文化。
1985　《批判理論與現代社會學》，台北市：巨流圖書公司。
1994　《馬克思論方法》，台北市：巨流圖書公司。

黃瑞祺主編
1996
a.《歐洲社會理論》，中央研究院歐美研究所。

楊大春
1995　《傅柯》，台北市：生智出版社，初版一刷。

趙敦華
1991　《卡爾・波普》，台北市：遠流出版公司。

滕守堯
1996　《海德格》，台北市：生智出版社，初版一刷。

蘇峰山
1994　《派深思與傅柯論現代社會中的權力》，國立台灣大學社會學研究所博士論文。

Aron, Raymond 著，齊力、蔡錦昌、黃瑞祺譯
1986　《近代西方社會思想家：涂爾幹、巴烈圖、韋伯》，台北市：聯經出版公司。

Benedict, Ruth 著，黃道琳譯
1983 《文化模式》，台北市：巨流圖書公司，一版二印。
Bloch, Marc(布洛赫)著，談谷錚譯
1995 《封建社會》(上)(下)，台北市：桂冠圖書公司，初版一刷。
Bottomore, Tom（巴托謨）著，任元杰譯
1992 《現代資本主義理論》(*Theories of Modern Capitalism*)， 台北市：巨流圖書公司，一版三印。
Braudel, Fernand（布勞岱）著，揚起譯
1993 《資本主義的動力》，香港：牛津大學出版社。
Carnoy, Martin（卡諾伊）著，杜麗燕、李少軍譯
1995 《國家與政治理論》，台北市：桂冠圖書公司，初版一刷。
von Clausewitz, Karl（克勞塞維茲）著，黃煥文譯
1982 《大戰學理》(上)(下)，台北市：商務印書館，民 71 年 10 月台二版。
Eribon, Didier（葉希邦）著，廖仁義譯
1994 《咫尺天涯：李維史陀對話錄》，台北市：桂冠圖書公司。
Foucault, Michel（傅柯）著，劉北成、楊遠嬰譯

1993 《規訓與懲罰—監獄的誕生》，台北市：桂冠圖書公司，初版二刷。

Fuller, J. F. C.(富勒)著，紐先鍾譯

1996 《西洋世界軍事史》第一、二、三卷(*Decisive Battles of the Western World and Their Influences on History*)，台北市：麥田出版公司，初版一刷。

Galbraith, John Kenneth（加爾布雷斯）著，杜念中譯

1996 《不確定的年代》，台北市：時報文化出版公司，初版四刷。

Hobsbawm, Eric J.（霍布士邦）著，鄭明萱譯

1996 《極端的年代》(上)(下)，台北市：麥田出版公司。

Hollister, C. Warren 著，張學明譯

1987 《西洋中古史》，台北市：聯經出版公司，初版第二次印行。

Johnston, R. J., Derek Gregory and David M. Smith 著，王志宏譯

1995 《人文地理學詞典選譯》，出版者不詳。

Kennedy, Paul（甘迺迪）著，張春柏，陸乃聖等譯

1995 《霸權興衰史》(*The Rise and Fall of the Great Power*)，台北市：五南出版公司，

初版一刷。

Mann, Michael 著，李少軍、劉北成譯

1995　《社會權力的來源》(上)(下)，台北市：桂冠圖書公司，初版一刷。

Moore, Barrington Jr(摩爾)著，拓夫譯

1993　《民主與獨裁的社會起源—現代世界誕生時的貴族與農民》，台北市：桂冠圖書公司，初版二刷。

Pusey, Michael 著，廖仁義譯

1989　《哈柏瑪斯》，台北市：桂冠圖書公司，初版一刷。

Russell, Bertrand（羅素）著

1989　《西方哲學史》(上)(下)，台北市：五南出版公司。

Sowell, Thomas（索維爾）著，蔡伸章譯

1993　《馬克思學說導論》，台北市：巨流圖書公司。

Toynbee, Arnold J.（湯恩比）著，陳曉林譯

1991　《歷史研究》(上)(下)，台北市：遠流出版公司，一版二刷。

Turner, Jonathan H.（唐納）著，吳曲輝等譯

1992　《社會學理論的結構》，台北市：桂冠圖書公司，初版一刷。

Winch, Peter（溫齊）著，張君玫譯

1996　《社會科學的理念》，台北市：巨流圖書公司， 第一版。

平田寬著，陳秀蓮譯

1987　《圖說科學技術史》(上)(下)，台北市：牛頓出版社。

（二）期刊論文

洪鎌德

1995

a.〈評介拉克勞和穆佛的後馬理論〉，《美歐月刊》，第10卷，第6期，98-117頁。

b.〈卜地峨社會學理論之析評〉，《社會學刊》，國立台灣大學社會學系，第 24 期，1-34 頁。

1996

b.〈紀登士評歷史唯物論〉，《美歐月刊》，第 11 卷，第 7 期，77-96 頁。

c.〈紀登士社會學理論之述評〉，《台灣社會學刊》，第 20 期，163-210 頁。

d.〈紀登士的結構兼行動理論之析評〉，《美歐月刊》，第 11 卷，第 11 期，85-105 頁。

1997

a.〈馬克思國家觀的析評〉，《國立中山大學

社會科學季刊》，第一卷，第一期，163-206頁。

洪鎌德、邱思慎

1995 〈馬克思和韋伯學說的比較〉，《法政學報》，淡水：私立淡江大學公共行政學系，第4期，41-58頁。

洪鎌德、胡正光

1996 〈從結構—行動理論看唯物史觀〉，《哲學與文化》，第23卷，第12期，2263-2277頁。

柯志明

1986 〈資本主義世界體系與社會主義—伊曼紐・華勒斯坦訪問錄〉，《當代》，第4期，98-119頁。

韋積慶

1990 〈理性與欲望的辯證—伊里亞斯的回顧〉，《中國論壇》，第360期，36-41頁。

孫中興

1992 〈結構功能論的營建者—帕深思〉，葉啓政主編，《當代社會思想巨擘--當代社會思想家》，台北市：正中書局，210-231頁。

張宏輝

1992 〈結構化論的旗手—季登斯〉，葉啓政主編，《當代社會思想巨擘--當代社會思想家》，台北市：正中書局，270-299 頁。

張義東

1993 〈社會學的形態想像〉，《當代》，第 89 期，32-49 頁。

陳伯璋

1988 〈歷史唯物論的人文色彩--評季登斯的重建方法論〉，《文星》，第 115 期，122-127 頁。

陳孟賢

1993 〈紀登斯與他的構建論〉，《二十一世紀》，第 15 期，87-92 頁。

陳璋津

1988 〈重拾失落的文明理想--哈伯瑪斯論「啓蒙」與「現代性」〉，《中國論壇》，第 315 期，74-78 頁。

黃平

1996 〈解讀現代性〉，《讀書叢刊》第 24 期，香港：城市資信有限公司，3-11 頁。

黃瑞祺

1996

b.〈現代性的省察—歷史社會學的一種詮

釋〉，《台灣社會學刊》，第 19 期，169-211 頁。

1997 〈現代或後現代—紀登斯論現代性〉，《東吳社會學報》，第 5 期，287-311 頁。

譚少薇

1992 〈階級與父權關係在蛇口〉，《婦女與兩性學刊》，第 3 期，89-115 頁。

顧忠華

1993 〈人類的文明與命運—伊里亞斯的學術關懷〉，《當代》，第 89 期，16-31 頁。

Chase-Dunn, Christopher

1991 〈國際體系與資本主義世界體系—一個邏輯抑或是兩個邏輯〉，蕭新煌編，《低度發展與發展》台北市：巨流圖書公司，377-402 頁。

Elias, Nobert（衣里亞斯）著，張義東譯

1993

a.〈社會學家的退卻〉(上)(原文譯自 'The Retreat of Sociologists into the Present', in: *Theory, Culture & Society* , Vol.4: pp.223-247)，《當代》，第 89 期，50-55 頁。

b.〈社會學家的退卻〉(下)，《當代》，第 91 期，50-61 頁。

Hobsbawm, Eric J.著，曾雁鳴譯
1993 〈霍布斯邦《1780 年以來的民族與民族主義》導言節譯〉，《島嶼邊緣》，第 8 期，19-23 頁。
Koziol, Geoffry 著，慕爾譯
1994 〈假想敵人和後期中古時代國家—俊秀菲力普四世的失敗〉，《當代》，第 95 期，20-37 頁。
Wallerstein, Immanuel（華勒斯坦）
1991
a.〈當前對世界不平等的爭論〉，蕭新煌編，《低度發展與發展》，台北市：巨流圖書公司，303-318 頁。
b.〈世界體系分析：理論與詮釋的問題〉，蕭新煌編，《低度發展與發展》，台北市：巨流圖書公司，319-334 頁。
Wallerstein, Immanuel and Terence Hopkins
1991 〈當代世界體系的發展模式：理論與研究〉，蕭新煌編，《低度發展與發展》，台北市：巨流圖書公司，335-376 頁。

紀登士　　當代大師系列 13

作　　者／胡正光
編輯委員／李英明、孟樊、陳學明、龍協濤、楊大春
出 版 者／生智文化事業有限公司
發 行 人／林新倫
總 編 輯／孟樊
執行編輯／閻富萍
登 記 證／局版北市業字第 677 號
地　　址／台北市新生南路三段 88 號 5 樓之六
電　　話／(02)23660309　23660313
傳　　真／(02)23660310
印　　刷／柯樂印刷事業股份有限公司
法律顧問／北辰著作權事務所　蕭雄淋律師
初版一刷／1998 年 9 月
初版二刷／2004 年 3 月
定　　價／新臺幣：200 元

I S B N:957-8637-63-2
E-mail: service@ycrc.com.tw

國家圖書館出版品預行編目資料

紀登士 = Anthony Giddens／胡正光著.-- 初版. -- 臺北市：生智, 1998 [民 87]
面；　公分. --（當代大師系列；13）
參考書目：面
ISBN 957-8637-63-2（平裝）

1.紀登士 (Giddens, Anthony) —學術思想—社會學

540.2941　　87011195